舞動‧敲擊 嬉遊記

幼教藝術課程探究之足跡

黃麗卿 著

舞動‧敲擊 嬉遊記

Contents

作者簡介

黃麗卿

學　　歷

國立臺灣師範大學教育學博士，現任臺灣
音樂精靈藝術教育中心藝術總監。曾遊歷
世界各地專研兒童音樂舞蹈教育，足跡遍
及英國（Anglia Ruskin University）、奧地
利（International School Music in Salzburg）、美國（California
State University, Northridge; American Orff-Schulwerk
Association in Wisconsin & Charlotte, North Carolina）等。

經　　歷

2016 年擔任上海李嬰寧戲劇工作坊及南京 327 戲劇工作坊創意
　　音樂劇場講師

2016 年 擔任香港奧福音樂導師培訓講師

2016 年 擔任上海繪本音樂劇場「巫婆與黑貓」講師

2014～2015 年擔任鄭州索易快樂成長中心音樂律動舞蹈顧問

2014～2015 年擔任經國管理暨健康學院幼保系兼任助理教授

2014～2015 年擔任臺灣奧福教育協會師資培訓班講師

2010～2014 年擔任臺灣奧福教育協會理事

2009～2015 年成立「音樂精靈藝術教育中心」推廣兒童音樂舞
　　蹈教育

2003 年 擔任國立花蓮教育大學幼兒音樂兼任講師

2000 年 榮獲臺灣教育部頒發「杏壇芬芳錄」優良教師殊榮

1983～2002 年擔任國立頭城家商幼保科主任暨音樂律動舞蹈及
　　戲劇講師

著　作

2008 年《舞動、敲擊、嬉遊記：幼教藝術課程探究之足跡》，心
　　理出版社。

1998 年《創意的音樂律動遊戲》（第二版），心理出版社。

1998 年《音樂小精靈》，音樂精靈藝術教育中心。

1994 年《教保實習》，台灣省教育廳。

學 位 論 文

黃麗卿 (2007)。以主題探索建構幼兒音樂律動課程之行動研究。
　　國立台灣師範大學人類發展與家庭學系博士論文。未出版，台
　　北市。

黃麗卿 (1996)。創造性音樂遊戲與傳統音樂教學活動中幼兒創造
　　行為表現之差異比較。國立台灣師範大學家研所碩士論文。未
　　出版，台北市。

期 刊 論 文

黃麗卿（2006）。共築藝術天地－幼教藝術活動探究歷程之行動
　　研究。花蓮教育大學學報，**22**，185-210。

黃麗卿（2006）。以對比元素為主軸，建構音樂律動探索課程之
　　行動研究。樹德科技大學學報，**8**（1），1-40。

黃麗卿（2003）。乘著藝術的翅膀讓心飛翔，藝術方案教學之行
　　動研究。載於教育行動研究與教學實務－**2003** 年行動研討會會
　　後論文集（頁 309-356）。台北：心理。

黃麗卿（2003）。與心共舞，情緒障礙生舞蹈治療歷程之研究。
　　載於**特殊教育學術研討會論文集**（頁 19-34）。台東：國立台東
　　師範學院。

黃麗卿（2002）。才藝教育速食化，幼兒園教學現象背後的省思。載於兒童與家庭學術研討會論文集（頁 230-245）。台北：私立台北輔仁大學。

黃麗卿（2001）。以批判理論觀點探討台灣幼兒教育之生態。幼兒教育年刊，**13**，33-48。

黃麗卿（2000）。奧福教學中，台灣民謠及童謠創作問題之探討。中華奧福教育協會專刊，**89**。台北：中華奧福教育協會。

黃麗卿（1999）。營造一個園家一致的蒙特梭利教育環境。蒙特梭利雙月刊，**21**，38-40。

黃麗卿（1999）。兒童文學延伸活動一圖畫書方案教學之應用。成長兒童月刊，**37**，52-55。

黃麗卿（1999）。利用創意美勞活動啟發孩子潛能。學習家庭雜誌，**21**，13。

黃麗卿（1999）。媽媽，抱抱！談嬰兒的觸覺感官。**0-1 歲發展與教育對策**，83-85。

黃麗卿（1999）。來！媽咪抱一個！學前教育月刊，**9**，56-57。

黃麗卿（1998）。如何激發孩子的潛能。父母親月刊，**163**，74-76。

黃麗卿（1998）。培養十項全能的幼保科教師。職教園地，**24**，28-29。

黃麗卿（1997）。中美學前教育階段音樂課程之比較。國教園地，**59**、**60** 合期。花蓮：國立花蓮師範學院。

推薦序

在音樂律動中學美感

　　我和麗卿認識已有十多年了，她是我所指導第二位畢業的博士生。眾多學生中，她雖然不是最聰明、出色的，卻是非常認真、執著的一位。麗卿是三個孩子的媽，也是兼有行政工作的幼保科老師，這樣的角色已讓她每一天都是相當忙碌，但麗卿還要花時間在研究上，不論是閱讀文獻、至現場進行活動、資料分析與撰寫等等，她都不遺餘力。如果沒有很大的毅力及興趣，是很難堅持下去的。麗卿依著她的興趣、用著她的認真，堅持在幼兒音樂律動領域中努力，至今有所成就，這是為師的我十分感佩的。身為麗卿的指導教授，很高興她將博士研究的歷程、結果，整理撰寫成書，讓我與有榮焉！

　　我想，接觸過幼兒的人都知道，幼兒對於外在的刺激充滿著敏銳的感受力，人們生活在聲音的世界裡，節奏也無處不有，無所不在，因此也常看到幼兒們哼哼唱唱（儘管許多時候不成調），或是手上拿起了不管是什麼就開始敲敲打打；更可看到許多雖年僅小班或幼幼班的孩子一聽到音樂後自己便會擺動身體、手舞足蹈。這樣的刺激帶給孩子全方位的發展，透過音樂，孩子的舞動促進他們大肌肉的發展，也訓練他們身體的協調與平衡；透過舞動，孩子漸漸了解自己肢體的展現——原來自己也可以創作出不一樣的動作、原來自己可以擺出美美的動作與姿勢。透過音樂與舞動，孩子可以學會用肢體律動展現出對音樂的感受。看到孩子徜徉於音樂及律動的情境中，享受其中的美感，這是麗卿二十多年來致力於幼兒音樂律動發展的最大因素。

　　麗卿曾於 1998 年出版《創意的音樂律動遊戲》一書，該書主要是討論教師如何運用創造性教學策略與音樂欣賞及發表等方法來設計音樂律動遊戲課程。這一次，麗卿寫下自己身為教學者與行動研究者在進行音樂律動教學的親身經驗，從書中我們可以看到麗卿設計了哪些的課程、她遇到

了什麼樣的問題、她如何的修改與調整；教學並非一帆風順的，過程中有著她蛻變與成長的曲折歷程。這是麗卿實際到幼兒園進行音樂律動教學的歷程記錄，麗卿親自帶領幼兒的實務經驗不僅對她的幼保科學生是一項珍貴的資源，對於幼教現場老師而言，這本書更是寶貴的經驗分享。

　　若將音樂當作是班級管理或是活動銜接之間的媒介，這樣的音樂未免太狹隘，也使得幼兒失去學習享受音樂的美感。如何在主題課程中進行音樂律動教學，音樂教學與主題課程如何互融，麗卿提供了許多的策略供老師們參考。音樂是文化表達能力（culture expression）之一，主要是能欣賞創意、體驗各種美感經驗。文化表達能力也是歐盟提出未來關鍵能力的其中一項，因此，讓孩子從音樂中學習美感是極為重要的，更能健全身心、啟發創造力。讓我們就隨著《舞動、敲擊、嬉遊記──幼教藝術課程探究之足跡》前進吧！

國立台灣師範大學
人類發展與家庭學系副教授兼系主任
林育瑋 97.07

作者序

　　筆者從小深受藝術的啟發與薰陶，而對藝術有著狂熱的愛好，尤其對音樂律動領域的感知能力更敏銳，在多年從事音樂律動的研究中，體會到要提升國民的文化藝術水準，必須從小做好扎根的工作，因此，平日除了專研生動活潑的教學技能來引導學習者之外，也常將觸角延伸至社會服務工作中，盡可能將個人教學理念傳播出去。

　　筆者深信音樂律動的探索經驗可幫助幼兒透過自我表現充分發展內在的知覺能力，同時經由音樂律動元素的體驗，有助於幼兒發展音樂律動概念、創造力、高層思考以及解決問題的能力。

　　本書是筆者以教師為研究者角色，並根據建構理論觀點所進行的行動研究。建構理論強調知識是由個體主動建構，而非外在的現實或被動地接收訊息，意指知識建構與改變以引發個人內在思考的學習歷程。在建構學習中，幼兒是行動中的思考者，幼兒藉由探索和操弄過程獲得邏輯性的思考能力，同時透過合作性學習獲得社會協商知識。

　　本書闡述藝術課程與教學之行動研究歷程，內容包括：

第一章　探討音樂律動探索學習對幼兒的重要性。

第二章　探討主題探索幼兒音樂律動課程設計之理論基礎。

第三章　提供主題探索幼兒音樂律動課程之設計實例與探索流程。

第四章　探討整個行動研究設計之理論基礎。

第五章　首先分析課程探究歷程；接著探討課程探索歷程中師生如何共同建構學習的內涵，以及在教師角色、理念及教學策略引導下幼兒探索行為的表現；最後提出研究者在行動研究歷程中所面臨的挑戰。

第六章　提出研究結論，並闡述作者在行動研究歷程中如何獲得蛻變與成長。

導 論

筆者擁有多年從事兒童音樂律動教學之經驗，本書為筆者根據建構理論觀點，探討其對幼兒音樂律動教學之影響，並以音樂律動之元素為主軸，由筆者與幼兒共同建構一套主題探索之課程形式。本書以深入淺出的文字佐以圖片及活動範例，提供實務工作者教學之參考；以詳實的行動研究歷程描述，提供以教師為研究者進行行動研究之參照。

本書闡述藝術課程與教學之行動研究歷程，內容包括六大部分：第一部分探討音樂律動探索學習對幼兒的重要性；第二部分探討主題探索幼兒音樂律動課程設計之理論基礎；第三部分提供主題探索幼兒音樂律動課程之設計實例與探索流程；第四部分呈現整個行動研究設計之理論基礎；第五部分分析音樂律動課程之探究歷程；第六部分提出研究結論，並闡述筆者在行動研究歷程中如何獲得蛻變與成長。

為了提供讀者更詳實與具體的教學引導，筆者特別建構相關教學部落格網站，以引導讀者結合本書與媒體進行互動學習，必要時讀者尚可透過部落格與筆者進行教學對話。

活動之教學引導與媒體教學連結，可參考筆者的部落格網址：

◎ 跳躍的音樂盒：http://www.wretch.cc/blog/huang4723
◎ 藝遊網——藝術好好玩：http://blog.yam.com/monica6103
◎ YouTube 影音頻道
　　http://tw.youtube.com/monica61036103
　　（以關鍵字——「嬉遊記」蒐尋即可）

緒　論

　　本書從關心幼稚園音樂律動教學品質出發，欲探討以教師為研究者所進行的課程建構之行動研究歷程。長久以來因社會對藝術教育的忽視，導致國內幼稚園大多過度膨脹知性教育而忽略了感性的藝術教育。加上幼稚園內的藝術教學多由才藝教師來擔任，因此，讓幼教老師們認為沒有必要再做這方面的專業進修；或因為園所的教育方針未能重視藝術教學，而導致教師們有此錯誤認知。但是，這群幼教教師若能有一雙推手加以扶持，或許能協助他們開始認同藝術教學的重要，進而願意花時間與精力從事該領域的專業探究工作。基於上述教學與研究工作之啟發，筆者認為國內需要有更多與藝術相關的研究來推展。

壹、幼兒藝術教育的重要性

　　幼兒可以透過許多不同的藝術媒介來表達他們的意念，並透過組合各種不同的符號表徵形式，諸如：繪畫、雕塑、音樂、舞蹈、戲劇及其他表達性藝術以形成心智影像、表達思想以及進行語言溝通，最終能達到潛能發展。具體言之，藝術，傳達無可言喻的訊息，提供非語言的溝通形式，進而提升孩子的直覺、推理、聯想與想像的創意思考能力，幫助幼兒經驗生活世界中的各種真實的情感。

貳、國內幼稚園的音樂律動教學現況

　　雖然藝術課程與提升孩子的直覺、推理、聯想等創造力發展息息相關，但是在台灣的幼稚園中，幼兒藝術課程長久以來一直是被忽視的一環，不論園長或老師常未能正視幼兒藝術課程的重要性，以至於園所藝術課程經常淪為被藝術才藝教師取代的部分（許錦雲，1999）。這種以才藝教師取代幼兒教師的現象，反映出國內的幼兒教師在藝術素養及藝術教學方面的能力不足，無法勝任本身的工作和責任（黃麗卿，1998）。

　　王昇美和陳淑芳（1999）針對幼稚園實施音樂教學現況調查研究中發現，幼稚園中音樂欣賞的教育雖然使用比例最高，但大部分用在秩序管理。由上可知，幼稚園經常只將音樂活動拿來作為進行教室管理，或將律動作為模仿及想像教學以獲得相關知識的活動，如此做法忽略了培養幼兒享受音樂律動的美感、獲得創造想像以及高層次思考能力的機會。

　　除了將音樂欣賞作為教室管理工具外，大多數幼稚園內的音樂教學活動亦乏善可陳，王淑芳（2004）提到：「幼稚園教師所進行的音樂活動多半以唱遊、唸謠方式進行，或以播放錄音帶方式教唱，內容少有搭配律動或樂器的演奏，這種音樂活動內容對孩子潛能啟發有限。」劉秀枝（2003）則認為大多數幼稚園以才藝教師來擔任園所的音樂課程，在配合單元進行教學上有困難，而此種教學的形式，很難激發幼兒喜好音樂，培養幼兒音樂基本能力。

　　此外，在師資培育階段缺乏音樂、律動教學課程的培訓，因此所設計的音樂律動課程內容著重於「音樂技巧」及「動作」之模仿與重複演練，而在學習過程中缺乏自我探索、激發想像力、創造力、發現與解決問題等之知識建構過程（劉淑英，1999）。此種音樂律動的型態只停留在「記憶」旋律和肢體動作的低層次思考階段，而難有共同討論、創作、思考的高層次認知發展。

參、音樂律動探索運用於課程之重要性

音樂和律動之間的關係是密不可分的，因為這兩者都是一種速度和節奏的藝術，它們會以一種很自然的方式產生關聯（Gillbert, 1995），尤其在幼兒時期，將音樂與律動做適當連結是很重要的課程考量。為了幫助孩子發展出對音樂律動的直覺能力，讓孩子有機會在一定的時間和空間中探索動作、探索周遭的聲音和身體的聲音、操弄樂器和其他物理性素材，並且確保幼兒能在很自然、愉悅和專注的情境中與想法共處是很重要的。因此，透過音樂律動元素的探索，對幼兒認知音樂、即興創作以及身體的開發是非常有意義的歷程。

肆、建構觀點的音樂律動教學

主張幼兒會主動探索環境的建構理論中強調學習歷程應由「被動」轉向「主動」與「互動」，認為學習是一個主動建構知識的過程，學習者在學習歷程中，以自己既有的概念為基礎，建立學習意義，主動地參與知識的社會建構，而非被動地接受好的知識包裹（甄曉蘭，1997；von Glasersfeld, 1995）。

Dewey（1934）強調教室內應充滿藝術與經驗連結的機會，因為幼兒美感經驗的產生是無法由他人所取代的，它必須來自於幼兒的真實生活經驗。由於經驗是幼兒建構知識的基本要素，它們在幼兒成長過程中，長時間不斷地重複出現（Weikart & Hohmann, 1995）。因此，教師應多將藝術主題與建構教學產生連結，多鼓勵幼兒運用圖像文字（graphic language）以及其他表徵作為媒介，去記錄和呈現孩子的記憶、想法、預測、假設、觀察和感覺……等，換言之，即透過藝術為媒介，讓幼兒的各項學習能往主題深化的方向發展。許芷靈（2005）運用主題教學分析幼兒造型能力表現的研究中發現，以幼兒為中心的主題教學確能提供幼兒自主探索、自我表達及同儕互動的知識建構，假使能伴隨教師引導與鷹架行動，對幼兒造形能力表現有積極的促進作用。若以幼兒藝術活動中的音樂律動課程而言，它除了能提供幼兒豐富而多樣的經驗，更能鼓勵和增進幼兒在音樂、

社會、情緒、認知和創造能力方面的表現。因此，幼兒藝術課程如何在幼稚園中落實建構，同時透過建構理論的理解，幫助教師清楚音樂律動課程的發展脈絡，以及在建構歷程中如何扮演積極鷹架行動，以建立更完善的課程架構面向，是值得研究者深入探究的議題。

　　綜合上述，本書主要由筆者自行運用建構理念所設計之音樂律動探索課程，並輔以行動研究之循環歷程，探討師生互動學習以及幼兒在學習歷程中的探索行為表現，基本上是主張由教師角色出發，並輔導幼兒主動建構音樂律動概念，並且創新教育的一種理想的實踐。

2 幼兒音樂律動教育之理論基礎

第一節 幼兒音樂律動的本質及其對幼兒的影響

　　音樂律動是藝術教育中重要的一環，音樂是一種有組織的聲音，當一個人開始選擇和組織聲音，以便表達一種特定的理念、心情、興趣或感覺時，他即在創造音樂（Burton & Hughes, 1979）。筆者認為一個適性發展的音樂律動課程應結合音樂與律動之本質，以能提供幼兒豐富而多樣的經驗，讓幼兒藉由聽、唱、使用樂器、創造和在律動中感受音樂，並獲得對聲音的高低、長短、快慢、強弱、音色等音樂概念的發展。

　　下面說明幼兒可以透過哪些方式的學習以獲得音樂律動概念。

壹、透過音樂律動元素之探索學習

　　音樂律動的學習是整體性的，老師在做課程計畫時，必須將音樂律動元素作為課程設計的基礎，因此，幼兒教師若能深入了解各項音樂律動的元素，便有能力將這些元素與孩子的音樂律動經驗相結合，而發展出適性的音樂律動之教學活動（Waite-Stupiansky, 1997）。所謂音樂元素包括音色、力度、節奏、旋律、曲式及和聲，而律動的元素則包括節奏、時間、空間、力量及關係。以下進一步說明音樂律動元素之內涵。

✦ 一、音樂元素

（一）音色

　　一個相同的音由不同樂器產生出來，便會呈現不同的音色（timbre or tone color）。由於各種聲音具有不同的曲調特質，因此很容易進行區辨（Rozmajzl & Boyer-White, 1996）。當孩子們運用搖動、搓動、打擊或摩擦等方式來操弄節奏樂器時，即可獲得廣泛的音色經驗，進而創造各種不同的聲音。而學習區辨與運用音色須經長年才能累積經驗，因此，提供廣泛多元音質的經驗，以及由各種聲音中區辨出哪些是由樂器製造出來的聲音，都能幫助孩子發展聆聽音色的能力。

（二）力度

　　「力度」（dynamics）意指音樂中力量的對比，大聲或小聲、強音或弱音，音量的改變可能是漸進的，也可能是突變的，可能是單音加強或樂句的音量逐漸增強（Haines & Gerber, 1996）。幼稚園的幼兒與小學的兒童，當他們在唱歌或演奏樂器時已能控制自己的力度，因此，幼兒時期是形成往後力度控制能力的基礎時期。

（三）節奏

　　「節奏」（rhythm）是音樂中樂章的全部感覺，帶有規則及變異兩種強烈暗示。音樂中速度的質地，包括拍子、聲音的持續、速度以及節奏模式，都被認為是一種節奏（Haines & Gerber, 1996），對孩子而言，在經驗和表達音樂時，節奏是最重要的一項元素（Rozmajzl & Boyer-White, 1996）。

（四）旋律

　　「旋律」（melody）是一串前後連續的樂音，是音樂結構中橫的基本要素，有別於和聲的縱向結構。旋律可以小躍進或大躍進，旋律中的音符可高可低，旋律可以在一個調子上行進或在不同調子上行進。

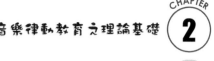

✦ 二、律動元素

(一) 空間

　　律動中的「空間」(space)元素意指身體在舞蹈空間內的任何地方，不同水平、方向、尺寸、軌跡和身體部位在空間中的延伸或移位而言(Sullivan, 1982)。空間有兩種，一個是自我空間，自我空間是指個體在不移動時，手腳往斜前斜後所能達到的最遠距離；另一個是一般空間，一般空間是指天花板以下、牆壁以內、地板以上的周圍空間，這兩種空間均包含了高、中、低三種水平變化。至於空間軌跡則與身體行進方向有關聯，例如：前進、後退、左右、直線、彎線、鋸齒型等變化(Pica, 1995)。

(二) 時間

　　音樂和律動都包含了時間(time)的因素，與時間有關的律動因素包含了速度、時間長短與節奏等。根據指令做出開始或靜止的動作、在一段時間內維持一個雕塑的動作或快速跳上、緩慢下降等動作都與時間知覺有關。

(三) 力量

　　律動時肌肉的運用即發展成力量(force)，不同的律動會運用到不同部位的肌肉，不同的動作也會有不同的肌肉張力，如：踮腳與踩腳的肌肉張力便不同。力量的變化會改變動作的質感，其類型可大致分為四種：即輕與重、緊張與放鬆、流暢與束縛、瞬間動力與漸進動力等。

(四) 關係

　　任何的動作都提供基本的互動關係(relationship)，律動不僅與人發生關係，與周遭事物或環境也會產生不可忽視的關聯。律動環境中有了物的搭配，會對律動的表現產生影響，它可能引發更多的探索，也可能讓律動表現受到限制。

除了透過上述元素之探索學習，幫助幼兒音樂律動概念的成長之外，透過音樂欣賞以及樂器探索的過程，也可幫助幼兒聽覺的敏銳以及對各項樂器音色的了解。

貳、透過音樂欣賞的學習過程

音樂是一項聽覺的藝術，敏銳的聽力對音樂智慧而言是非常重要的。假如幼兒能接受多樣化的音樂活動，就好比被賦予了豐富的聲音調色盤一般，幼兒可以從這些活動中發展感知的能力，因此，設計音樂活動時，應該多讓孩子探索各種高品質的音樂，包括：不同時期與不同文化的音樂都是可提供的（Scott-Kassner, 1993）。同時音樂的選擇亦應配合幼兒注意力能集中的時間，老師可以由較長樂章中，擷取數個適合幼兒長度的樂章來聆賞，或者配合音樂的特性，設計一些與樂曲相關的延伸遊戲或活動來進行，如此做法比較能讓幼兒注意力集中，且容易對樂曲感到興趣。

參、透過樂器探索的學習過程

Scott-Kassner（1993）認為把玩簡易的節奏或旋律樂器是幼兒早期玩鍋碗瓢盆遊戲的一種邏輯性經驗的延伸。因此，透過樂器來幫助孩子去發現聲音、發展聲音概念以及控制聲音的能力是很重要的探索活動。

Moorhead 和 Pond（1978）認為若能讓幼兒處在一個自由、受喜愛的環境中，他們比較能表現出自然的音樂能力。研究者進一步分析幼兒若能經常自由地操弄與探索各種樂器，可以提升他們對音色、音高、節奏、調性關係以及旋律方面的概念，當幼兒這些方面的經驗持續增進時，他們在創作簡單音型和簡單的音樂曲式上便顯得更具目的性，同時更有能力表達自己的理念和感覺，並能發展出更好的音樂溝通能力。

根據以上說法，幼兒的音樂律動探索行為，其實是一種高層次的心智狀態。幼兒所表現的探索樂器聲音的行為、掌握樂器的物理特性而進行操弄的行為以及運用擺盪、踏步、蹦跳等身體動作來感覺和表達特定音樂的

節奏等肢體動作之創作表現，都是幼兒對物體行動並且在行動中轉換而成的知識刺激著個體，使其認知運作的表徵行為。此外，律動的表現方式與人的身體、智能和情緒有關，藉由動作探索，能幫助幼兒發展他的身體動作、想像力以及提升幼兒的自尊心（Theodorakou & Zervas, 2003）。總之，為了提供幼兒更具系統的學習環境，老師有必要更清楚音樂律動的定義，並在課程中運用音樂律動元素作為課程設計的理論基礎，以發展更適合幼兒學習的活動，並適時引導幼兒多元的身體探索空間。

第二節　主題探索幼兒音樂律動課程設計之理論基礎

壹、幼教相關藝術教育理念

Dewey 在其所著的《學校與社會》（*The School and Society*）一書中曾批判傳統的幼稚園太強調符號記憶，缺乏美感經驗的薰陶（引自 Nourot, 2000: 13）。他認為校園中應強調社會性協調和合作、建構性遊戲和信任遊戲，這些課程除了可發展幼兒的語言與社會技巧之外，也是形成美學能力的基礎。以下介紹幾個重要的幼教課程模式中，較具建構理念所發展出來的幼兒藝術教育觀點。

✦✦ 一、義大利的藝術教育理念

實施方案教學的典範學校——義大利 Reggio Emilia 的校園內，非常重視在全方位教育下，使用視覺語文來表現想法與感覺，因此，幼兒會針對主題進行討論，並以各種藝術表徵展現自己對主題的認知。在 Reggio Emilia 的課程中，非常鼓勵孩子運用所謂的「圖像文字」以及其他表徵作為媒介，去記錄和呈現幼兒的記憶、想法、預測、假設、觀察和感覺……等（Rinaldi, 1991）。Reggio Emilia 的經驗告訴我們透過藝術為媒介，可以使幼兒的學習往更深化的方向去發展。這是一種全方位的視覺藝術教育，不但提升幼兒的表現能力，更豐富幼兒的藝術涵養。而對於課程記實方式，Reggio Emilia 有非常獨特的方法，在 Reggio Emilia 的教師常利

用很多不同資料（包括繪畫、相片、黏土、錄音帶、錄影帶、音樂及對話的記載），將孩子們的活動做視覺或象徵性表現（Berk & Winsler, 1995: 143-144）。

自 1980 年中葉起，美國許多教育家開始重視這所學校的藝術教育特色，美國藝術教育家 Brenda S. Engel 在發表他對 Reggio Emilia 藝術的看法時提到：「在 Reggio Emilia 藝術是一種語言，是兒童與生俱來的能力，兒童的藝術發表擴展了他對藝術的理解，也為以後接受更正式的學校教育做準備，而透過觀察孩子藝術發表的歷程或成品，能幫助老師深入了解孩子如何建構世界（引自許信雄，1999：64）。

此外，Reggio Emilia 在課程中非常重視運用視覺語文讓孩子表現想法與感覺，孩子經常針對主題進行討論，並以各種藝術表徵展現自己對主題的認知。「駐園藝術教師」也是 Reggio Emilia 教育系統中的一大特色，擔任藝術駐園教師者必須：

1 閱讀關於幼兒的文獻，並且經常與其他教師、家長、教學協調者討論，以協助其藝術觀念之發展。
2 利用各種不同方式進行兒童學習觀察與記錄，尤其是觀念上的互動。
3 運用其專業協助教師表現研究主題與方案之新的可能性。
4 每天定時地與教師進行課程之團體討論，及問題之解決。

由上述駐園藝術教師角色中，我們了解到駐園藝術教師在 Reggio Emilia 系統中的重要性，因此在幼教現場中，結合藝術與幼教專長之藝術教師，協助幼教老師進行方案之建構應是可行的方式（簡楚瑛，1994）。

由 Reggio Emilia 的課程中我們發現到，藝術教育不再只是教「藝術」，而是激發主體（人）與環境相互關係之自覺，一種透過內在生成力，產生主動學習的興趣，經過體驗、發現、探究、分析、統合的過程，從直觀的思考進入論理、分析的思考，孩子的多元知覺與感性，經由此種程序，得到了真正的協調與整合。

此外，在 Reggio Emilia 中「紀錄」是一種可以看得見、可以被檢驗、可以加以整合，也是可以拿來加以探討的實務經驗。蒐集在檔案夾裡的文件，不只是幫助記憶、評量孩子的學習效果，它更是師生互動的最佳見證（Rinaldi, 1991）。

　　歸納上述所言，Reggio Emilia 的教學讓教育者體認到孩子所創造、展示及呈現的作品及各種檔案理應被尊重與接納，而且這些作品應被視為重要的產物，而非僅僅是一種成果而已（Ernst, 1993）。此外，Reggio Emiia 的課程記實方式更提供研究者進行質性研究時，蒐集豐富且多元資料之參考典範。

✦✦ 二、高瞻課程的藝術教育理念

　　高瞻（High/Scope）課程的教育思想與其實務活動，是以 Piaget 兒童發展理論為基礎，高瞻課程視幼兒為主動的學習者，從自己計畫、實行、思考的活動中得到最佳學習，成人則適當的觀察、支持並擴展兒童遊戲內涵。

　　高瞻課程主張教學活動必須能夠配合幼兒不同的能力與興趣，而這種具有變通性的需求稱為「主要經驗」（key experience）概念的核心。所謂「主要經驗」是幼兒建構知識的基本要素，它們在幼兒成長過程中，長時間不斷地重複出現。這些經驗常出現在主動學習的環境中，讓幼兒能有機會去做選擇與決定、運用隨手可及的材料、與同儕和成人互動、經歷特殊事件、思考本身想法與行動，以及對個人有意義的方式來使用語言，並接受成人適當的支持（Weikart & Hohmann, 1995）。

　　在主要經驗中，「音樂」（music）和「律動」（movement）是其中兩個重要的經驗。以下介紹高瞻音樂與律動經驗之學習內涵（Weikart, 1987）：

　　高瞻的六項音樂的主要學習經驗重心在於探索音樂（exploring music）及創作音樂（making music）上，包括隨著音樂舞動、探索並辨認聲音、探索歌唱的聲音、發展出旋律、唱歌及彈奏簡單樂器。至於高瞻的八項律動的主要學習經驗重心，則在於經驗動作與描述動作上，包括：非移位動作、移位動作、帶著物體移動、以動作來表現創造性以及會運用動作語彙描述動作、跟隨指令做動作、感覺與表達穩定的節奏、跟隨節奏做有秩序的動作等探索行為。

　　音樂是由一連串透過節奏、旋律與和聲所組成的聲音，它們之間的協調組合，使得耳朵產生宜人的感受，而音樂對智力的影響是可以理解的……，它能喚起聆聽者情感上的反應。因此，當幼兒聽到音樂時，身體

會自然而然地舞動起來，他們覺得唱歌時一定得伴隨著一些身體上的活動
（Gardner, 1983）。由此可見，音樂是幼兒早期發展的一項關鍵要素，音樂
也因此受到高瞻教育基金會（High/Scope Foundation）的重視，將音樂列
為學前幼兒主要學習經驗之一。

　　高瞻課程中，主張早期的動作經驗對幼兒自我意象有潛在的促進作
用，早期成功的動作經驗也會增加幼兒對自己智力能力的信心，而不成
功的動作經驗則會腐蝕一個人的自我概念，因此，成人應該多獎勵、多
讚賞孩子探索及試驗的動作行為，並鼓勵他們去練習及參與各種韻律活
動。

　　高瞻課程所主張的音樂律動學習內涵，在幼兒教育上有極重要的意
義，尤其在探索聲音物件之行為以及探索肢體過程，幼兒學到聲音物件的
物理特性及操作方法，以及肢體的活動方式，因而激發其創造力，此種探
索歷程與建構教學所主張之理念不謀而合。更重要的是，主要經驗強調不
傾向於被使用在建構學習某特定觀念的活動上，它們並不屬於「立竿見
影」的教學情境，它們必須是一種持續學習的音樂律動經驗。

　　歸納上述幼教模式對幼兒音樂律動的想法，孩子在出生前即對音樂有
非常強烈的感覺，尤其嬰兒是天生的聆聽者，他們經常會注意生活周遭所
發出的聲音（Kelly & Sutton-Smiss, 1987; Weiser, 1982）。此外，美國音樂
教育學者 Jean Sinor 曾依據 Piaget 的論點提出：兒童在很早的時候便已開
始具備「學習」能力，且即使只是「模仿」多於「創造」的方式，他們仍
能由感官運動如聽覺及視覺等，來學習與認識事物的特徵，進而反應及表
現。也因此，透過「聽覺─視覺」的學習方式，在兒童早期發展中占有相
當重要之地位。基本上，探索學習是嬰兒的一種本能，其學習方式整合五
種感官、律動能力及天生好奇心（Weiser, 1982）。因此，透過聆聽多元聲
音及音樂，除了增進孩子聽覺的敏銳度之外，更是未來奠定唱歌與節奏能
力的基礎，此外，當幼兒有了更多的動作經驗之後，他們便會開始被鼓勵
去探索或談論這類的律動形式，也因此開始發展出律動的成熟模式。

貳、幼兒音樂律動教育相關理念

本書之幼兒藝術教育理念，主要以 Emile Jaques Dalcroze、Carl Orff、Zoltán Kodály 及 Rudolf von Laban 的音樂律動教育理念為主要探究的理論基礎，以下分別闡述其理念內涵。

✦ 一、Emile Jaques Dalcroze 的藝術教育理念

Emile Jaques Dalcroze（1865-1950）生於維也納，從小在充滿音樂的環境下長大，同時接受良好的音樂啟蒙教育。當他完成了學業正式面對教學後，發現許多學生雖然擁有高度的演奏技巧，卻嚴重地缺乏音樂性和對音樂的感動，於是他在 1915 年於日內瓦成立了一所 Dalcroze 節奏學校，創造了一種將肢體動作結合聽音、歌唱和視譜寫作的訓練方式。

Dalcroze 認為音樂的學習在於強調音樂內在的感受性，而不是純粹在於演奏、演唱技巧的學習，它應著重在培養學習者利用各種方法去體會音樂知性及感性融合之美。他認為人類的身體是第一個用來表達音樂的樂器，音樂的旋律源自於我們肢體的自然律動，音樂教學理應運用這種最自然的韻律，有系統的設計各種教學活動（鄭方靖，1993）。Dalcroze 的教學多半遵循下列原則：

1 人的身體本身就是樂器，人是通過自身的運動將內在的情緒轉為音樂的。

2 人無不具有天生的節奏本能，不過需要加以誘導、培育，進而為音樂所用。

3 音樂訓練中，人們最易接受的是節奏與動作，而節奏與力度是音樂要素中重要的組成部分。

與幼兒音樂律動相關的活動中，Dalcroze 認為應藉著人類肢體最自然的律動，來表達對音樂節奏的反應。更進一步地將實驗教學的結果加以整理，使之條理化，而成為 Eurhythmics（優律斯美）。所謂 Eurhythmics 主要以肌肉運動知覺的運用來訓練節奏，並且以律動來連結潛在的意識，使得音樂學習從有關運動經驗開始。以音樂與身體結合，去感受音樂、接受與表現音樂。

013

此種課程設計的理念強調律動教學的「螺旋式」體系，依循：

「聆聽→ 律動→模仿→即興→創作」的教學程序，由簡單到複雜的音樂要素分析（吳舜文，2002）。

基於上述，Dalcroze強調用肢體去體驗、感應音樂元素，進而激發其自發性思考、創作潛能，以便讓音樂智能得到全方位的開展。其教學足以彌補目前幼兒所缺乏的音樂性、肢體性及情感性的感應力，以致無法體會音樂之美的缺憾。Dalcroze亦為幼兒音樂律動課程提供了豐富而多樣的經驗，並影響教師實施教學之態度，尤其它讓我們進一步思考今日的音樂律動教學，其重心已由昔日以教學者為主，轉變成以學習者為主的教學方式（Gallahue, 1993），這項觀點與建構教學之主張有異曲同工之妙。

✦✦ 二、Carl Orff 的藝術教育理念

Carl Orff（1895-1982）生於巴伐利亞慕尼黑，是本世紀最偉大的作曲家和教育家，他早在1924年就熱切追求一種當代的藝術，以激起對音樂、語言、舞蹈和戲劇結合的新觀念。奧福（Orff）教學法是一種激發孩童藉由想像力和幻想力進入音樂仙境的教學法。

Orff 對於孩子的藝術教學之基本理念中，強調音樂教育應著重「感覺」優於「理解」。他認為幼兒的音樂學習歷程應該著重在聽覺、肢體、觸覺的刺激，而非要求幼兒去理解一些艱深的樂理或抽象符號。他尤其強調：「音樂必須與律動、舞蹈及語言結合才能產生意義，因之，藝術教學在各國中，應該多採用自己的舞蹈、語言、樂器、民謠等本土化教材。」在教學中，學生的角色從「繼承者」轉變為「享受者」、「探索者」和「發現者」（張蕙慧，1994）。

基本上，Orff 教育並沒有標準模式，他的教學原理多半遵循下列原則進行：

1 循序漸進

教學過程如同堆積木般，一塊塊、一層層慢慢累進，直至最後才看得出整個設計全貌。

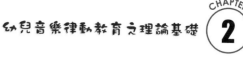

2 即興創作

在教學過程中，重視孩子的思考、勇於表達，並學會與人溝通。

3 樂器合奏

從合奏中體會演奏音樂的樂趣，並在團體中了解合作、協調的重要。

4 節奏教學

在教學中經常使用的方法有模仿、即興、說白節奏、頑固伴奏等。

5 歌唱教學

從小三度的 Sol-Mi 開始，用呼叫對方的名字為引導，再逐漸增加為五聲音階或七聲音階，其重點在於一個音唱準了之後，再加入下一個音。

6 音樂欣賞

運用戲劇、律動、樂器演奏、圖形等方式，將各類型聲音或音樂讓孩子辨別及聆賞，以培養聽力。

此種課程設計理念，主要以「單元」或「主題」的教學模式為主，由教師依循：遊戲 → 討論 → 認知音樂要素 → 群體活動 → 即興展演或創作等的教學程序（吳舜文，2002）。另一方面，Orff 教育對本世紀最大的貢獻在於它是一種最為人性化的統整藝術教學，它能尊重每一個個體均能擁有學習藝術的機會；同時，在學習活動中能盡量表現個體的優點，讓願意學習的孩子都能獲得信心和他人的肯定。幼稚園的藝術教學目標即是發展幼兒的藝術才能，而這種能力的培養必須透過演奏、律動、音樂創作、聽力訓練、戲劇創作等來完成（Mark, 1979），Orff 教學法主要就在發展這種綜合性的藝術基礎能力。

換言之，典型的 Orff 音樂課程重視帶領幼兒經驗與探索聲音；經驗與探索肢體；經驗與探索空間，並且以即興創作來經驗及探索曲式。Orff 教學法強調教學中，學習者的角色應從「繼承者」轉變為「享受者」、「探索者」和「發現者」，教師須用心安排環境，以激起學習者探索的好奇心。

✦✦ 三、Zoltán Kodály 的藝術教育理念

　　Zoltán Kodály（1882-1967）生於匈牙利，是位作曲家、音樂評論家及音樂教育家。目前支持音樂學習影響大腦發展的學者們，均強力地推薦 Kodály 音樂教學理論對幼兒這方面的影響力。

　　Kodály 認為音樂是屬於每個人的，他更主張應透過教育讓每個人都能擁有音樂的基本能力，換句話說，每個人均要讀、寫和思考音樂，如此才能真正擁有音樂。Kodály 主要的音樂教學手段是唱歌，他認為聲音是每一個人都擁有的天然樂器，而歌唱是幼兒最主要的音樂學習模式，歌唱更是幫助幼兒音樂能力發展最重要的基礎能力（Kirk, 2000）。因此，教師應多運用歌唱來教樂理、符號、音樂常識；同時也用歌唱來訓練耳朵、進行音樂欣賞、引導即興創作與律動等。

　　對於歌曲的選擇方面，Kodály 認為：幼兒的歌唱技能是建立在傳統通俗歌曲、兒歌以及遊戲歌上，尤其通俗的歌曲更是幼兒階段最適合的教材，因為這些歌曲中含有高水準的音樂文學內涵，可以鼓勵幼兒透過通俗歌曲中歌詞的節奏以及旋律的哼唱，發展出自然的語言節奏（Kirk, 2000）。

　　除了歌唱之外，Kodály 更主張在幼兒階段音樂和律動是不可分離的，因為透過律動孩子可以經驗並由中獲得有關拍子、節奏、旋律輪廓、速度以及曲式的音樂概念，這些概念對形成孩子音樂知覺能力和創造力有相當大的關係。

　　Kodály 的課程設計理念中，對於教學目標的規劃，強調以兒童經驗為本，依循聽 → 唱 → 寫 → 讀 → 創作與欣賞的學習歷程。節奏教學的順序為四分音符（走路）→ 八分音符（跑步）→ 十六分音符（快跑），旋律方面則由 la-sol-mi → la-sol-mi-re-do → fa & si → 大小調，在教學設計的步驟上，採行「預備 → 啟發 → 加 → 評估」四項程序（吳舜文，2002）。

　　此外，Kodály 主張唱遊應提供肢體語言，而這些肢體語言必須是自然地從音樂中產生，透過 Kodály 教學的引導之後，孩子便容易自然地配合著音樂，並經由身體的動作培養出節奏感。此外，Kodály 教學法強調語言節奏應將不同的節奏給予不同名稱，以幫助節奏的學習和記憶的觀點，即是受到 Dalcroze 的影響所提出的主張。

✦✦ 四、Rudolf von Laban 教育性舞蹈的藝術教育理念

Rudolf von Laban 於 1879 年生於匈牙利的波斯公尼（Posqany），自小就喜愛戲劇、音樂活動，稍長並接觸繪畫，自認在視覺及塑形藝術方面有天賦的敏銳度。Laban 在 1975 年提出教育性舞蹈（educational dance）的理念，主要是希望透過較有系統地探索舞蹈要素，有效地藉由舞蹈來達到全人教育的目標，他強調教育性舞蹈主要在凸顯學習舞蹈過程中，肢體動作的記憶與練習，以及經由舞蹈的體驗去認識舞蹈，是與其他學習經驗並重的（引自張中煖，1996：45）。

Laban 認為：「律動本身是一種語言，律動是一個人對自己內在世界的回應，內在世界藉由做（doing）、演（acting）、舞（dancing）表達出來……，律動本身即是透過身體為媒介的一種律動。他強調學習動作技巧的目的，除了為達到現實的需求之外，還有一個很重要的目的，就是表達自我的思想、情感與意念（Laban, 1975）。然而，每一種動作都有它的特質，這些特質不但與人的個性氣質相關，也都離不開基本元素：空間、時間、力量、流動、關係；元素貫穿我們的生命。」（引自李宗芹，2002：26）。

動作探索是一種無止盡的探索過程，它以適合個人的方式，將個人潛藏的內在資源，轉化為外在身體的表現，它藉由身體語彙以陳述個人的觀念與情感。若能經常體會此種探索經驗，從中培養豐富的自我表達，對未來發現與解決問題的能力發展將有相當大的影響。此外，動作教育所強調的群體互動關係，更符應建構理論所重視的合作性能力發展。總之，探索律動元素的目的，是要讓我們在律動之中，能夠同時覺察數種組成與接收身體感官刺激，並從千變萬化的律動之中連結感覺管道之間的橋樑，展現我們的身體智慧（李宗芹，2002）。

第三節　建構理論運用於幼兒音樂律動教學之理念與做法

建構理論（constructivism）結合了當代知識社會學（sociology of knowledge）和科學的哲學（philosophy of science）對「知識的本質」以及

「知識的產生與獲得」的解釋，再加上擷取 Piaget 和 Vygotsky 認知心理發展理論的重要主張，提出了異於傳統的知識論觀點，對「教」與「學」產生了新的看法，逐漸在當代的教育實踐（pedagogical practices）形成了強而有力、影響深遠的另類教學典範（alternative pedagogical paradigm）（甄曉蘭、曾志華，1997：179）。因之，在時代的更迭下，各式各樣的教育論點都可能成為教育工作者研究與深入思考的範疇。

壹、建構主義基本理論及其教育之意涵

建構主義可說是一個十九世紀末期迄今的一個走向「人本」的知識論思潮，跨越哲學、心理學、社會學等多個學術領域，其根源可以遠溯至十八世紀 Kant（1724-1804）的批評主義（criticism）（Bruner, 1986；Jonassen, 1991），或更早的 Vico（von Glasersfeld, 1984; Watzlamick, 1984）。建構主義思潮興起的主要原因是對主流的實證主義（positivism）所主張，以自然科學的實驗方法為知識的唯一驗證標準的看法之反動（朱則剛，1996）。建構主義基本上就是強調以人為本的理念，也就是在學習歷程當中，學習者必須靠自己主動地建構知識，而非被動接受。Kant（1781）則以批判主義調和經驗與理性兩者的論點，指出知識除了先天的形式外，還須後天的內容，亦強調知識的獲得必須主動建構方可得之。

在建構主義理論當中，以 von Glasersfeld 所倡導之急進建構主義（radical constructivism）；Piaget 由認知發展觀點而來的之建構主義；Vygotsky 強調社會文化互動之建構論，最具代表性。本書以 Piaget 和 Vygotsky 的認知發展觀點進行課程之探究，以下分別說明其建構主義的觀點。

一、Piaget 的認知觀點

Piaget（1970）在其所著 *Genetic Epistemology* 中提到知識即行動（knowledge is action），他認為對知識的一個科學的描述與解釋是非常有用於教育的，他更深信兒童藉由他們的感官直接從環境中內化知識而學習。

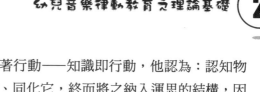

　　據 Piaget 的觀點：思考意味著行動——知識即行動，他認為：認知物體需要對物體採取行動、轉變它、同化它，終而將之納入運思的結構，因此知識是一種建構（construction），知識其實是一種能讓我們獲得適當進步的一種轉換系統。Piaget 非常重視這項心智的運思能力，他認為這才是真正使認知進入更高階層的機制，而非只是身體的行動而已。

　　根據上述，Piaget 進一步將知識依來源與結構之不同分為三類，即物理知識、數理——邏輯知識及社會性知識（引自 Kamii, 1996）。基本上，物理知識和數理邏輯知識在本質上是不同的，「物理知識」的來源多半是源自物體本身，幼兒能獲得物理知識的唯一方法是透過實際的行動或心智的行為來獲得，因此，物理知識是一種經驗性的知識，是幼兒透過五種感官的操弄經驗中獲得。而「數理邏輯知識」則是源自幼兒本身內在的知識與對物體的行動，以及內在與外在實體所形成的關係，換言之，它是操弄或思考後形成心智基模的結果。幼兒數理邏輯性知識的獲得與老師的角色有相當大的關係，老師在教學時應多提供幼兒解決現實問題的機會，以激發策略或問問題的方式讓孩子去思考操弄物體的各種方法。「社會性知識」則源自外在實體，但並非由外在實體直接建構而來，而是由內而外，透過內在數理邏輯與外界環境互動而來（Kamii & DeVries, 1980），換言之，社會性知識乃根源於幼兒生長的文化環境，它亦包含了文化協商，如語彙以及文化規則等。社會性知識無法透過物理操弄或邏輯思維中獲得，它是透過在文化環境中不斷重複、記憶和模仿而來（Waite-Stupiansky, 1997）。綜合而言，物理經驗指個體由操作過程中，自物體抽取知識；而數理邏輯知識是自個體操作物體行動的結果抽取知識；社會知識則是透過語言傳遞、文化傳遞、教育等媒介而獲得知識。

✦✦ 二、Vygotsky 的認知觀點

　　除了知識本質之外，對於個人和社會之間的學習辯證方面，Piaget（1970）提到：「共同合作所建構的智力是一種社會性的平衡，它源於共同運思的交互影響。」另一位心理學者 Vygotsky（1978）則從社會互動、語言思維、學習文化等不同向度，研究學習對個人的影響。

Vygotsky 的心理發展理論中幾個很重要的概念如下：

（一）最佳發展區

依照 Vygotsky（1978）的說法，教育的角色是在孩子的最佳發展區（Zone of Proximal Development, ZPD）裡提供經驗——活動必須是可以挑戰幼兒的能力，但可在敏感成人的引導下完成。他認為幼兒的能力有實際和潛在能力兩種，「實際能力」是指孩子能夠獨立解決問題的能力水準；「潛在能力」是指幼兒在成人的指導協助，或在與能力較佳的同儕合作下，得以解決問題之可能到達的能力水準。而每一個幼兒在實際能力和潛在能力之間存在一段待發展的距離，即「最佳發展區域」。

（二）鷹架理論

鷹架理論（scaffolding theory）源自於 Vygotsky 的最佳發展區域概念，所謂「鷹架」（scaffolding）是指：「提供符合學習者認知層次的支持、導引和協助，以幫助學習者由需要協助而逐漸能夠獨立完成某一任務，進而使其由低階的能力水準發展到高階的能力水準。」許多文獻中描述在潛在發展區（ZPD）範圍裡有效的教／學互動的隱喻：就是在建築物結構體下的「鷹架」。換言之，孩子被看成是建築物，積極地建構他自己，而社會環境則是必要的鷹架或支援系統，允許孩子繼續向前，建構新的能力。

（三）學習中對話的本質

Vygotsky 認為：學習過程若能有大人或同儕的對話、問問題、解釋以及協商，較能促進學習的效果。因此，教學者應重視營造一個互動、協商與討論的教學情境。

（四）符號表徵

雖然「最佳發展區」和「鷹架理論」是建構學者們所探討的問題，但在概念發展上的符號表徵與思考之間的關係也提供了豐富的研究基礎。Vygotsky 和 Luria（1993）在一項有關符號表徵（symbolic representation）

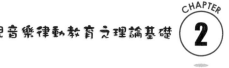

影響思考的研究中指出：每一種文化均有代表其生活經驗意義的方法，即透過記號、音樂、數學、說故事、藝術、語言、繪畫或數學模式等，這些都是創造有益於個人思考與辯證的媒介，而每一項媒介也都有它自己的貢獻和限制。

　　雖然，Piaget 和 Vygotsky 兩人之間對發展與學習的關係、語言功能、社會互動功能以及社會文化對個體知識發展等觀點互有歧異。簡淑真（1998）歸納 Piaget 和 Vygotsky 的觀點，以提供建構教學者在應用建構教學時之參考：「知識是認知主體主動建構的；個體的認知發展歷程是生物適應歷程；認知衝突是促成認知結構發展與知識成長的動力；不只是動手操作，而要有心智運作（minds-on），才能造成認知結構的成長；以較長時間對較小範圍的知識做較深入的探索，強調「less in more」；重視對學習者先前經驗及概念的了解；強調社會文化對知識獲得的重要；強調情境脈絡及社會互動對知識建構的重要；強調語言的仲介功能，重視師生談話；運用教師及能力較佳同儕的鷹架作用；老師是情境佈置者、組織者、學習的仲介者、促進者；教師是提問者、佈題者；重視在真實情境評量學習表現等。」

　　本書在運用建構教學時特別強調個體的主動參與，以舊經驗去面對新經驗，所以建構教學的首要工作便是要使幼兒建構後設認知的能力。換言之，幼兒知道自己的先前經驗為何，並能反省自身的經驗及新經驗之間的差距，予以統整及調適，始能完成建構學習。此外，基於鷹架理論的說法，教師必須是鷹架兒童學習與發展的人，在主題進行的過程中，必須看出幼兒的興趣走向，以及如何逐漸相互牽引與發展，教師更應該因應幼兒的表現與疑問提供適當的討論、圖書、表達性素材或其他媒體資源，使幼兒的探索能加以延續深化。更重要的是，在學習過程中教師必須不斷地鼓勵孩子往獨立及較高層次的表現去發展，同時鼓勵幼兒在此互動經驗中逐漸地學習內化，重新建構自己的知識。

貳、建構理論觀點運用於幼兒音樂律動之做法

本書採納了建構理論主要特徵並將之融入於音樂律動教學中，具體做法為，教師在教學時應多運用佈題、隱喻、鼓勵、獎勵方式引發幼兒的學習樂趣；在過程中，視幼兒或活動的需要與幼兒一起進行藝術討論；鼓勵探索行為並提供多樣化之創造性素材，讓幼兒有發揮思考、創意的探索機會；為了創造小組合作的機會，教師可運用小組討論、表演或展示的活動，讓幼兒有彼此互動的經驗；重視過程評量，教師可採用檔案、日誌、觀察、討論記錄，或讓幼兒完成學習單；在主題結束前的高潮活動方面則可運用戲劇、音樂、舞蹈、樂器合奏等方式展現其學習成果。

歸納上述，本書以暖身活動 → 教師佈題（局）→ 自由或合作探索 → 教師引導元素探索 → 高潮活動 → 藝術討論作為探索課程設計之流程。以下根據主題探索所設計之流程加以說明。

✦✦ 一、主軸概念

所謂主軸概念意指描繪教師所教的重點、主要思想、中心主題或核心觀念，並說明幼兒學習的內容。在本書之主軸概念包括：音樂要素（音色、節奏、力度）及律動要素（空間、時間、力量及關係）。

✦✦ 二、暖身活動

暖身活動的情境亦是一種對話的過程，它是師生之間的肢體對話，說話的主體必須將內在思考轉化成可以溝通的肢體語言，讓對方了解；而對話的客體，也必須站在說話者的立場分享說話者的意義。肢體對話的過程是交互主觀性，肢體對話的了解卻是彼此的同理心。

至於暖身活動可以兩種方式來進行：

（一）運用基本舞蹈元素的暖身

教師可以運用基本舞蹈元素中的非移位動作（nonlocomotor movement），如身體的彎曲、伸展、轉圈、搖擺、下沉、上升、推拉等，作為身體活動前的準備。如果大家的興致高昂，氣氛熱烈，也可配合移位動作

（locomotor movement），如走、跑、跳、躍等大肌肉的活動，讓暖身的方式依參與者的狀況或學習情境而有所變化。

（二）課程延續發展的動作暖身

教師也可以將前次課程中所發展的動作、元素，抽取部分成為一段暖身動作，這種方式一方面延續了上次的課堂經驗，同時也具備了心理上的暖身，因為大多數動作及活動內容是個人所熟悉的，會覺得較安心。

✦✧ 三、教師佈題（局）

教學過程是師生交互辨證的歷程，在此歷程中教師成為「佈題者」（problem poser），而非「解題者」（problem solver）。身為佈題者的老師僅提出問題，讓兒童自行提出有效的解題活動，使兒童成為真正的解題者。過去扮演「解題者」的老師除了提出問題之外，也提供了解題的活動，使兒童成為「模仿者」（甯自強，1992）。

至於佈題的方式則可透過以下幾種：

(1)透過口說或文字；(2)透過聲音、肢體動作、操作及圖像等表徵活動；(3)指示觀察重點及思考方向；(4)逐步引導兒童的先備知識，亦即讓兒童看到自己的舊經驗，並比對新經驗與舊經驗之間的差異；(5)透過豐富的情境的佈置，引起創作動機。

本書佈題的目的在幫助教師探索幼兒的最佳發展區，更希望藉此激發幼兒思考討論進而建構自己的概念。至於佈題的方式可透過思考性問題的引發、創造性思考策略的運用，或透過聲音肢體動作操作及圖像等表徵活動、豐富的情境佈置等均屬之。譬如：在布條的探索遊戲中，讓幼兒操弄各種材質、各種大小的布料以作為事先佈題（佈局），讓幼兒找出各種布條的操弄方式，讓幼兒感覺布是如何影響身體的動作，並藉由情境音樂的引導，發展幼兒利用布的特性去感受音樂的節奏等，這便是認知過程中個體對物體行動轉換知識的過程（Kamii & Devries, 1980）。

✦ 四、自由或合作探索

幼兒具有主動學習及在行動中思考的特質，幼兒不斷地透過邏輯性推理進行操弄性思考，對未來抽象概念的形成有相當的助益。

而透過合作學習可發展幼兒的「最佳發展區」。若以音樂律動課程實施為例，讓幼兒經常共同在小組活動或團體活動中一起跳舞或一起彈奏樂器，有助幼兒一起合作、一起共同解決問題。此外在團體音樂律動中所產生的領袖角色可以培養幼兒自動自發的情感以及豐富的自信心，而領袖與跟隨者角色的互換過程可讓幼兒隨時思考動作變化外，更引出空間運用與分析思考的活動，有助發展幼兒的潛在發展階層之能力。

✦ 五、教師引導元素探索

建構教學過程中，教師有必要對各項音樂律動元素做深入的了解，並根據這些特殊元素來計畫課程與進行評量。本研究擬以音樂律動元素為基礎，包括節奏、旋律、音色以及空間、時間、力度、關係等，在行動研究過程中，持續分析、歸納出屬於本研究所運用之主要元素項目。

✦ 六、高潮活動

這個階段活動通常在一個主題活動結束前發生，主要目的在於預備和呈現幼兒們學習的成果，並透過各種方式幫助幼兒統整所學習的知識與技能。幼兒們可以運用各種型態來表達他們所獲得的新知，包括學習單、壁報、音樂、戲劇、舞蹈、布景、服裝、工作檔案夾等可表現成果的作品都是被鼓勵的。

✦ 七、藝術討論與分享

為了提升幼兒利用語彙與人溝通的能力，在藝術教學過程中，老師多運用藝術討論形式和幼兒們對話，不但可幫助幼兒發展更豐富的藝術語彙，更可藉藝術語彙與他人溝通。

由於音樂律動概念的學習是一個循環歷程，經由歷程的學習可以幫助幼兒凝聚學習焦點並深化了解（Alvarez, 1993）。本書以圖 2-1 的流程圖表示主題探索課程進行之循環性歷程。依下圖所示，意指在一個符合幼兒

興趣及具體生活經驗，能引發幼兒探索動機之主題引導下，根據適當的空間、時間、節奏、音色、力度（量）及關係等音樂律動元素為目標，並依暖身活動 → 教師佈題（局）→ 自由或合作探索 → 教師引導元素探索 →高潮活動 → 藝術討論等流程來進行深入探索，藉此協助幼兒建構有意義的音樂律動學習歷程：

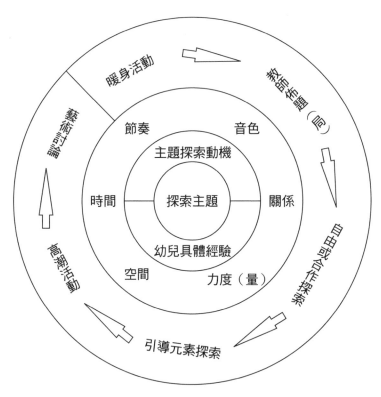

圖 2-1 音樂律動主題探索課程循環流程圖

3 主題探索音樂律動課程設計

※ 本章的活動之教師引導與媒體教學連結，可參考作者的網站：
　　跳躍的音樂盒：http://www.wretch.cc/blog/huang4723
　　音樂精靈 Baby Home 網站：
　　　http://www.babyhome.com.tw/kids_magicmusic
　　藝遊網——藝術好好玩：http://blog.yam.com/monica6103
　　YouTube 影音頻道：http://tw.youtube.com/monica61036103

 第一單元　大胖子與小胖子

（一）身體變變變

探索元素 ∷ 空間對比

教育資源

　　大小不同尺寸的球、大小不同尺寸的鼓（圖 3-1）以及其他具對比性的教具、各種線條的教具板（圖 3-2）。

圖 3-1　大小不同尺寸的鼓

圖 3-2　各種線條的教具板

暖身活動

　　運用動物隱喻方式帶領孩子做出各種空間及動作的對比（圖 3-3），如：做出大胖子與小胖子的動作（胖瘦的身體造型）、做出螃蟹左右走的動作（左右方向）、做出長頸鹿伸長脖子及烏龜在地上爬的動作（上下水平）、做出大胖子往前走及小胖子往後走的動作（前後方向）。

圖 3-3　想像你是一隻猴子往前往後走

教師佈題

- 討論生活中具對比概念的事物，例如大球與小球、跳上與低下、左邊與右邊、直線與曲線……等。
- 討論空間中的線條以及方向有哪些對比的變化，例如直線、左右、前後、上下等（圖 3-4）。

圖 3-4　用手做出上下釘釘子的動作

自由或合作探索

　　利用討論中所提到的概念用動作表現出來，並面對教室中的鏡子，看看自己所做的對比動作（圖 3-5）。

圖 3-5　運用 mirror（鏡映）活動可發展孩子與空間相關的知覺能力

教師引導元素探索

　　根據教師所引導的問題做出下列動作（上下及大小對比元素）：

- 用你的身體告訴我，上和下指的是什麼？
- 盡量將身體往下蹲，可以蹲得低低的？
- 感覺一下身體半蹲的時候是什麼樣？
- 把你的身體縮得像一顆球，愈小愈好（圖 3-6）。
- 把你的身體縮得像瘦子一樣瘦。
- 把你的身體變得像巨人一樣得高。
- 把你的身體變得像胖子一樣胖（圖 3-7）。

圖 3-6　把身體縮得像球一樣　　　　　　圖 3-7　我是大肚婆

藝術討論

與幼兒討論和動作、空間或情緒對比的相關詞彙。

030

教學錦囊

✦ 與身體對比的相關詞彙

＊基本造型（**organic shapes**）

鋸齒型的（angular）	曲線的（curved）
寬的（wide）	窄的（narrow）
延伸的（extended）	縮緊的（compacted）
高的（high）	低的（low）
扭曲的（twisted）	伸展的（stretched）
直立的（straight）	彎曲的（bent）

*幾何造型（geometric shapes）

對稱的（symmetrical）	不對稱的（asymmetrical）
圓的（round）	方的（square）
蛋型的（oval）	鑽石型的（diamond）
中心的（concentric）	對角的（tangential）
垂直的（perpendicular）	平行的（parallel）
銳角的（acute）	鈍角的（obtuse）

*表情造型（expressive shapes）

愉快的（joyful）	退縮的（withdrawn）
精力充沛的（energized）	無精打采的（listless）
生氣的（angry）	平和的（peaceful）
外向的（extroverted）	內向的（introverted）
氣憤的（sad）	快樂的（happy）
驕傲的（proud）	害羞的（shy）

*比喻造型（simile shape）

像樹一樣高（tall as a tree）	像房子一樣寬（wide as a house）
像針一樣細（thin as a needle）	像老鼠一樣小（small as a mouse）
像煎餅一樣薄（flat as a pancake）	像麻花捲一樣扭曲 （twisted as a pretze）
像球一樣圓（round as a ball）	像四方形的四邊 （four-sides as a square）
像字母 S 一樣扭曲 （curved as letter "S"）	像字母 X 一樣交叉 （criss-cross as letter "X"）

引自 Kate Kupen (2002). *Toyful teaching workshop series.*

031

✦✦ 對比概念學習單——地板軌跡對比

指導語：請你將上面動物行走的路線畫出來，屬於 S 型軌跡者畫
【S】，屬於鋸齒型軌跡者畫【〰】。

（二）懶骨頭與玩具兵

 探索元素 ⋙ **時間對比**

教育資源

　　音樂：Kate Kuper（over the top 節錄版）、清溪水慢慢流（S 型地板軌跡）、孟德爾頌——小丑之舞（鋸齒型地板軌跡）、EVA-KUB die Hand（懶骨頭）、莫札特——玩具兵進行曲（玩具兵）；魚形道具。

暖身活動

　　運用音樂「over the top」作為本次暖身的內容，主要是將前次課程中所發展的動作、元素，抽取部分成為一段暖身動作，這種方式一方面延續了上次的課堂經驗，同時也具備了心理上的暖身。

　　之後，鼓勵每位孩子想一個 body freeze 動作（身體造型），並仔細聆聽「over the top」音樂以本主題之主軸元素做串聯。

教師佈題

◖ 討論前次所做的對比性動作有哪些？
◖ 討論地板軌跡有哪些型態？（S 型及鋸齒型軌跡）

自由或合作探索

◖ 由 leader 手上拿著魚形道具，帶領其他小朋友走出 S 軌跡（圖 3-8）。

圖 3-8 用手上的魚形道具引導出 S 型空間軌跡

在鏡子前自由想像何種角色或動物會用 S 軌跡及鋸齒軌跡移動，並嘗試做出動作。

教師引導元素探索

運用事物隱喻方式帶領孩子做出各種空間及動作的對比，如：以 S 軌跡做出魚兒游（圖 3-9）及以鉅齒型軌跡走出機器人動作等（弧線與角度）、做出懶骨頭與玩具兵動作（鬆垮垮與僵硬的身體）。

圖 3-9 幼兒穿上魚形道具，展現肢體在 S 型空間軌跡上的動作

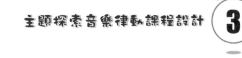
藝術討論

◯ 當你剛剛做出 body freeze 的動作時，你有什麼感覺？（身體知覺）
◯ 你喜歡用身體走 S 型或鋸齒型，為什麼？（藝術評論）

(三) 孫悟空大戰牛魔王

 時間對比

教育資源

音樂：Hinging（Kate Kuper 作曲）、慢速度音樂：清晨、快速度
音樂：丑角；波斯市場、卡門前奏曲（Bizet 作曲）、自編組曲：遊樂
園；各種道具（如太空人服裝、烏龜殼、蜜蜂的翅膀、以呼拉圈做方向
盤……）、口袋布。

暖身活動

為了接續上回「懶骨頭」的身體體驗活動，帶領孩子體會身體關節一
節一節放鬆的技巧（圖 3-10）。

圖 3-10　知道什麼是懶骨頭嗎？想像身體很累的樣子，你好想休息一下

教師佈題

◔ 討論全身關節的部位以及身體鬆軟的感覺。
◔ 討論哪些動物或角色是移動很慢的？
◔ 討論哪些動物或角色是移動很快的？

自由或合作探索

◔ 讓孩子自己想像剛剛所回答的內容中，所出現的動物或角色的動作，並用身體做出來。
◔ 探索身體部位在不同速度下的感覺有何不同？

教師引導元素探索

1 首先選擇二首曲子，一首屬慢的曲調，一首屬快的曲調，指導孩子根據音樂的速度做出不同時間對比的動作（圖 3-11）。

圖 3-11　在卡門前奏曲的慢速度音樂段落引導下，幼兒模仿「牛魔王」的動作

2 慢速度音樂律動（slow）元素探索：

　🌙 像大胖子一樣輕微的擺動身體

　🌙 想像自己漫步在泥土裡很難行進的樣子

　🌙 想像自己是一個太空人在太空漫步

　🌙 想像自己是一隻烏龜或蝸牛緩慢地蠕動（圖 3-12）

　🌙 想像自己在演一部慢動作電影

圖 3-12　探索行為特性：幼兒爬行時的移位步伐特性是使用腳步來做身體重量的轉換，以雙腳支持與推進，因此，幼兒腳步和腹部必須強壯且柔軟

3 快速度音樂律動（fast）元素探索：

　🌙 像小瘦子一樣輕快的奔跑

　🌙 想像自己像小白兔一樣做跳躍式的行進

　🌙 想像自己是一隻忙碌的蜜蜂

　🌙 想像自己是一部跑車

配合道具做出上述動作組合表演。

高潮活動

　　利用大胖子與小胖子的歌謠，並結合前兩個主題所探索的活動，讓孩子穿起口袋布進行探索（歌謠內容見 105 頁）。

✦✦ 動作對比：大胖子與小胖子（時間對比）

由手鼓及響棒分別擔任大胖子及小胖子走路的配樂，當手鼓敲奏規則拍時，大胖子走路（二拍一步）（圖3-13），當響棒敲奏規則拍時，小胖子走路（一拍一步）（圖3-14），二位配樂者在歌謠背景下隨意搭配演奏，以製造表演的效果。

圖 3-13　小胖子　　　　　　　　　圖 3-14　大胖子

利用組曲「遊樂園」讓孩子運用上述所習得的元素創作一首舞蹈作品（圖3-15）。（活動過程詳細描述參考第五章第三節「教師角色、理念及教學策略引導下，幼兒音樂律動探索行為的表現」）

圖 3-15　高潮活動：遊樂園

藝術討論

和孩子討論剛剛所做的動作表現，提出自己最欣賞的部分，或為自己的創作做命名的活動。

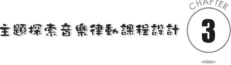

教學錦囊

✦✦ 古典音樂知識

☺ Bizet：歌劇「卡門」前奏曲（金革發行──世紀古典之最 JCD2707）

　　歌劇卡門運用了歌劇當中的三段主要旋律：「進行曲」、「鬥牛士之歌」以及「命運之主題」。整首前奏曲的前段明朗輕快，後段則陰沉宿命，強烈對比的效果非常明顯。

　　前奏曲一開始是由木管、弦樂和打擊樂器活潑生動地奏出澎湃進行曲，主要描述鬥牛士進場音樂，展現極熱鬧的節慶氣氛。接著樂曲速度稍緩，在銅管樂器的伴奏下，弦樂齊奏出「鬥牛士之歌」的旋律，輕快地反覆後又回到開始熱鬧的進行曲旋律，並且燦爛地結束。

✦✦ 主軸元素概念分析

1. 時間是音樂本質中重要的探索元素，時間與知覺感官有關，教學中根據指令做出開始與靜止的動作，或在一段時間內維持一個身體雕像的動作或快速跳上、緩慢的下降等動作，都與時間知覺有關。身體在空間舞動時，可以由低至高，這些高低不同層次變化便是對比。

2. 整個宇宙是一個無限的空間，人類的身體在這個空間中活動，即使靜止不動，身體在空間中亦製造了一個形狀，當身體移動時又包含了高低不同水平及不同方向與路徑，這些便是空間的構造形式。

3. 身體可以經驗不同的線條造型，如：用身體走出不同的線條及方向，身體向左向右或走直線、曲線或弧線。

4. 想像自己是一個慵懶的人，此時表現鬆垮垮毫無力量的樣子；或想像自己是機器人般，有著尖銳且有稜有角的關節，試著讓身體做出有角度的感覺，這些生活中常見的景象其實都是很好的對比實例。

第二單元　布條探索遊戲

（一）彩帶仙子

探索元素 ⋮⋮⋮

◎ 舞蹈元素──空間的路徑和形式、空間的尺寸對比
◎ 音樂元素──聲音的對比、時間的速度對比

教育資源

　　音樂：古諾──歌劇「浮士德」圓舞曲、背景音樂數首（維也納森林、溜冰圓舞曲等）、Carl Orff──布蘭詩歌（No.6-Tanze）。緞帶捲筒紙及畫筆。

暖身活動

　　利用「緞帶即興舞蹈」（fringed-arm dancing），讓幼兒探索緞帶可以移動的形狀和路徑，探索緞帶如何旋轉、畫圖形、繞圈圈、繞著身體轉、可以飄多遠，並鼓勵孩子運用上一主題所習得的 S 型軌跡和空間路徑來活動（圖 3-16、圖 3-17）。

圖 3-16　畫 S 型軌跡

圖 3-17　繞著身體畫圈圈

教師佈題

1 教師在教室內佈置一個發現學習區，裡頭佈置各式各樣的布料供孩子探索。當幼兒在探索各種布條和研究它們時，激發並鼓勵他們選擇他們感興趣的媒材，來表現自己的想法。

2 提醒孩子運用棍棒式緞帶時須注意操弄時的安全性。

自由或合作探索

在廣大的草坪上舞動的經驗是很盡興的，幼兒在此空間中所展現的肢體律動開放程度更好，尤其在了解了不同軌跡後，幼兒的動作走向更多，且能應用更大的空間，並展現更豐富的身體空間變化（圖 3-18）。

圖 3-18　大自然環境是空間探索最棒的場域

教師引導元素探索

1 鼓勵孩子仔細聆聽「布蘭詩歌」音樂中速度及大小聲的對比性，先在畫紙上畫出音型，然後再運用手上的緞帶做出對比的動作（圖 3-19）。

2 兩人一組在同一首音樂背景之下進行緞帶的律動即興（合作性即興探索）。

圖 3-19　在長筒捲紙上畫出音型

高潮活動

　　在教師引導元素探索過程中較有創意表現的幼兒，選擇一、二組在團體前演出他們的創作。

藝術討論

- 剛剛你用了哪些方法來玩緞帶？
- 你用緞帶畫了哪些圖形？（空間路徑）
- 說說看，你剛剛用布所做出來的東西是什麼？（命名活動）
- 剛剛在玩布條的時候，老師所播放的背景音樂，你聽了有什麼感覺（圖3-20）？（音樂欣賞）
- 評論孩子所創作的動作。

圖 3-20　聽音樂畫畫後，幼兒分享對音樂旋律線條圖案的感覺

教學錦囊

☺　線條的情感和節奏是非常有關係的，節奏的高低、長短、強弱、輕重、快慢，正和內心的情緒起伏情形是一樣的。節奏表現在聲音，就變成了歌唱；表現在樂器上，就變成了音樂旋律；表現在身體，就是一支舞蹈；表現在平面上，就是一幅幅動人的繪畫（張金蓮，2002）。

☺　緞帶是一種建立上、下、周圍、前和後很理想的活動，我們可以建議幼兒先用緞帶在身體四周畫大圈圈、小圈圈（自我空間），當他們較熟練之後，再鼓勵他們將緞帶在身體的上、下、周圍、前和後舞動（一般空間）。緞帶在空中的路徑比用腳在地上畫弧線要來得抽象，但緞帶可以讓此抽象被具體地看到。幼兒可以用緞帶在空中盡情地寫字、畫畫，一般典型的揮動緞帶的路徑軌跡有大圓圈、小圓圈、S 型、正 8字型、倒 8 字型、螺旋型等。

☺　質輕、會飄動的素材，可以使孩子在移動時，隨著孩子的移動興趣做出不同的飄動感，由緞帶舞蹈中，孩子會變得非常了解緞帶移動的形式和路徑變化。

（二）洗澡樂逍遙

教育資源

音樂：Disco 樂曲、嚕啦啦（信誼出版：給 0─3 歲的幼幼童謠）。十五公分寬、五十公分長的毛巾布或裡布一塊。

暖身活動

在個人身體空間範圍，利用手上的毛巾布幫助身體進行暖身體操（圖 3-21、圖 3-22），其步驟如下：

1 兩手握住布條兩端：

○ 毛巾舉起放在頭上方，做出向左、向右拉曳的動作。可配合腰部擺動，腳尖自然交互踮起。（方向線）

○ 側彎腰做出向斜邊拉動的動作。

○ 配合前後彎腰動作。

○ 扭腰，慢慢搖下去再搖起來。（空間水平）

圖 3-21　毛巾體操（一）　　　圖 3-22　毛巾體操（二）

044

2 膝蓋運動：

- 把布條放在小腿前，兩手一拉，膝蓋自然屈起及屈放。

3 身體跳躍運動：

- 布條放在地上，可前後跳、左右跳、站著跳、蹲著跳、單腳跳、雙腳跳。（方向線及水平）
- 可加上口訣來做動作

教師佈題

- 布條除了做體操活動外，你還能用這些布條做些什麼活動？（圖 3-23）
- 你可以把布條打結做成長條狀，玩跳繩遊戲，除了跳繩外還可以做什麼遊戲？
- 把布條擺在地上可以玩些什麼遊戲？

圖 3-23　在輕柔的音樂背景下，將布當作蝴蝶的翅膀

自由或合作探索

- 運用剛剛討論的方法自己做做看，或者也可以找兩個人、三個人或更多人一起玩遊戲。

教師引導元素探索

　　選擇一首兩段曲式結構的音樂，A 段樂曲時兩人一組互相為同伴洗澡；B 段樂曲時，自由流動換另一位舞伴（圖 3-24）。自由流動玩耍時，須運用不同空間及方向線。

圖 3-24　在 AB 曲式下，B 段音樂時為別人洗澡

高潮活動

　　在教師引導元素探索過程中較有創意表現的幼兒，擇一、二組在團體前演出他們的創作。

藝術討論

☽ 剛剛你用毛巾為身體的哪些部位洗澡？請你說出身體部位的名稱。（身體部位的認識）

☽ 你剛剛為別的小朋友洗澡時，洗了哪些身體部位？（身體部位的認識）

☽ 布條除了可以拿來做體操外，你還玩了哪些遊戲？（布條創意）

☽ 用毛巾在身體上摩擦，這個遊戲讓你感覺如何？

教學錦囊

☺ 具有多功能變化的布條，不但可在中央打結以增加密度用來投擲；也可以兩端自行相結成圓圈，或數條相結成長條狀；更可讓布條平放在地上走、跳、跨遊戲。

選擇毛巾布進行體操活動的目的，在於增進孩子與布條之間的親密感。

在進行毛巾布條遊戲前，必須先選擇合適的布條，其考慮原則如下：

1. 質料：布條要耐拉，但具伸縮性則不理想，質料可用毛巾布或裡布。

2. 長度：以幼兒兩手張開平舉的長度為宜。

3. 寬度：約十五至二十公分為宜，太窄或過細容易在活動過程中拉斷而受傷。

4. 顏色：若能選擇各種不同顏色之布條，則可同時進行分類活動。

☺ 讓孩子試著用毛巾在腰、脖子、腳踝、膝蓋間摩擦，可以激勵他們去看見和感受毛巾隨著身體而呈現的律動線條，老師也可以選擇不同拍子或調子的音樂來改變每次重複的肢體活動。

(三) 蝶舞

 ⋯

◎ 舞蹈元素——個人空間、空間軌跡（直線及 S 型）
◎ 音樂元素——時間對比

教育資源

音樂：塞爾特傳統民謠詩歌——flying、火焰之舞（踢踏居爾特 No.2）不同類型的音樂組曲（教師自編）、大家一起來跳舞、中國民謠——追逐。
樂器：代表高、中、低水平的三種樂器（低：鼓；中：鈴鼓；高：三角鐵或碰鐘）。道具約三尺見方的雪紡紗或五十公分見方的絲巾。

暖身活動

　　引導孩子利用雪紡紗及絲巾之輕盈飄逸的柔軟質感,以及極佳的自然垂墜特性隨著音樂自由舞動(圖3-25)。

圖 3-25　幼兒像飛鼠一樣地飛了起來

教師佈題

　　在實施教學時,先讓孩子觀察布的屬性,然後提出布的特性或操作方法。鼓勵孩子說出各種不同的操弄方式,如:拋、飄、丟……等方法和布互動一番(圖3-26、圖3-27)。同時讓孩子說出絲巾的特性,如:柔軟的、可以飄起來的、輕輕的……等語彙。

圖 3-26　把布向上丟

圖 3-27　將布捲起後繞圈圈

自由或合作探索

1　鼓勵孩子運用手中的布自由想像任何可以舞動的方式，以個人探索或
　　雙人探索為主，並鼓勵孩子感受個人與一般空間（圖 3-28、圖 3-29）。

2　引導時，避免孩子發生奔跑、大叫或隨便自由跳舞的情形。

3　利用孩子的創作，在 AB 兩段曲式下做表演。

圖 3-28　兩人互動探索　　　圖 3-29　運用空間圍繞性，用布將自己蓋起來

教師引導元素探索

1　運用隱喻引出孩子想像力及幫助孩子了解布所具備的屬性概念，如用
　　隱喻方式：想像布是一隻魟魚，在非常低的水平空間以直線或 S 型軌
　　跡游動；想像布是一個熱氣球般往上丟擲；把布變成蝴蝶翅膀般地擺
　　動飛舞；把布變成一朵雲往天空拋。

2　讓幼兒選擇三樣手握樂器，以便作為高、中、低三種身體水平之信
　　號。

　　◦ 請你在聽到鼓聲的時候，想像布是一隻魟魚，在非常低的水平以直
　　　線或 S 型軌跡游動。

　　◦ 請你在聽到鈴鼓聲時，把自己變成蝴蝶擺動飛舞。

　　◦ 請你在聽到三角鐵聲音時，把布變成一朵雲往天空拋。

高潮活動

　　教師自編一個漁夫撒漁網捕魚的故事,接著引導孩子在五段音樂組曲中做動作的變化。教師給予不同速度的音樂,鼓勵孩子注意聆聽音樂的對比並隨音樂的變化做出不同的動作表現,做的同時注意地板軌跡變化。

　　A 段——序奏（做布條的即興）

　　B 段——想像漁夫各種撒網的方式（用絲巾或雪紡紗做漁網）

　　C 段——想像魚兒在水中游玩的樣子

　　D 段——想像魟魚在水中快速游動的樣子（低水平體驗）

　　E 段——漁夫與各種魚兒互動

藝術討論

- 剛剛你用了哪些方法來玩雪紡紗和絲巾？（布條創意）
- 你用雪紡紗和絲巾在地板上走了哪些圖形？（地板軌跡）
- 說說看,你剛剛用布所做出來的東西是什麼？（命名活動）
- 引導孩子會以自由流動感受的語彙來表達,如:像風似的、像蝴蝶一樣地飛、像暴風雨亂吹。（藝術語彙）
- 提醒布條操弄時的各種地板軌跡之運用。（元素理解）
- 評論孩子所創作的動作。（藝術評論）

教學錦囊

- 運用布可增加孩子身體空間的位置,在重複練習中,同時讓孩子感覺布是如何地影響身體的動作。此外,從事攜帶物體移動的活動,除了可讓孩子們與物體發生密切關係外,更可增加孩子們舞動時舒服自在的程度,有助孩子從事建構活動的興致（Weikart & Hohmann, 1995）。

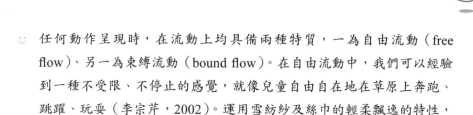
☺ 任何動作呈現時，在流動上均具備兩種特質，一為自由流動（free flow）、另一為束縛流動（bound flow）。在自由流動中，我們可以經驗到一種不受限、不停止的感覺，就像兒童自由自在地在草原上奔跑、跳躍、玩耍（李宗芹，2002）。運用雪紡紗及絲巾的輕柔飄逸的特性，是最容易讓孩子體驗自由流動的藝術媒材。

（四）氣球傘

◎ 舞蹈元素——空間中揮動的形式、空間中圓形的路徑
◎ 音樂元素——聲音對比、旋律音型

教學資源

    音樂：居爾特民謠、波羅耐舞（飛杜拉 CD：4420）、塞爾特傳統民謠詩歌——flying、動物狂歡節「獅王進行曲」、動物狂歡節「長耳怪人」。各種節奏樂器。器材：十五吋氣球傘一個、大型輕氣球十個、布球或沙包一組、白板及畫筆。

暖身活動

1 手臂的暖身活動，包括：手腕放鬆、運動手肘、揮動手臂等，讓手部關節處完全放鬆，避免操作氣球傘時發生手部肌肉受傷的情形（圖3-30）。

051

圖 3-30　將手臂往前、往後、右側、左側等不同方向伸展，讓肩關節充分地放鬆

2 介紹正確的持臥氣球傘的方法進行手部暖身：雙手手心朝下將氣球傘握在大拇指和另外四指之間，以最舒適的方式持握並揮動。

教師佈題

○ 氣球傘的造型和質感和前幾次所用的布料有何不同？摸起來的感覺有何不同？

○ 操作氣球傘時，其操作方法和其他的布條，有何差異？

○ 請你說出氣球傘可以做出哪些造型上的變化？

○ 在氣球傘上可以放什麼東西一起玩？

自由或合作探索

1 團體一起自由把玩氣球傘，嘗試先前把玩氣球傘的經驗，或自創新的把玩方式。

2 感受固定空間位置和移動空間位置來操弄氣球傘的差異。

3 鼓勵幼兒在不同主題中操弄，如：大小波浪、做麵包、太空梭……等（圖 3-31、圖 3-32）。

圖 3-31　海豚在游泳

圖 3-32　我們在包肉包子

4　加入輕氣球或布球後，讓孩子嘗試球在氣球傘上面滾動、滑行、跳躍
（圖 3-33）。

圖 3-33　將質輕的大氣球往上拋起

053

教師引導元素探索

1　教師自編一個「獅王與小白兔」的故事，故事內容：有一天，小白兔
到森林裡找食物，正好碰到獅子也出來找尋食物。獅子突然間聞到好
香好香的味道，原來是小白兔身上的香味，獅子張大口準備將小白兔
吃掉，小白兔驚慌之下，趕緊躲到牠的彩色屋（氣球傘）裡面躲起
來。過了一陣子，獅子生氣了，小白兔探了探頭發現獅子還在外面，
嚇得再次躲進彩色屋裡，就再也不敢出來了。

2 之後讓孩子在白板上畫出自己認為「獅子聲音」的音型，如：畫 ✏ 或 ◯ 代表獅子聲音的音型。再放「獅子進行曲」中獅子進場的音樂，請幼兒仔細聆聽，在曲子中獅王出現的聲音共幾次，試著畫出獅子聲音的次數及節拍長度，節拍為 ⊓ | | ∨∨（可配合獅子、來了、吼、吼的語言說白節奏）。讓孩子用氣球傘配合音樂操弄一次，獅子進場音樂時讓孩子繞著圓形路線軌跡模仿獅子走路的動作，獅子怒吼聲中，氣球傘做出大蘋果的造型（圖 3-34 ~ 圖 3-37）。

圖 3-34　以鈴鼓畫大圓做出獅子怒吼的聲音

圖 3-35　以響棒敲出獅子！來了！吼！吼！的語言節奏

圖 3-36　獅王行進與樂器演奏

圖 3-37　小白兔躲起來與說白節奏

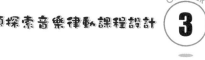
高潮活動

　　讓孩子仔細聆聽「長耳怪人」音樂，先用肢體感受音樂中長耳怪人嘶喊的聲音，接著指定幾位小朋友扮演長耳怪人進入傘中，外圈拉著氣球傘的幼兒在長耳怪人出現的音樂聲中，將傘拉高，嘶喊聲時則瞬間將傘蓋下，在傘中間的幼兒也瞬間躲起來。

藝術討論

◔ 剛剛你們所做的氣球傘像什麼？能不能為它取一個名字。（命名）
◔ 在各種樂器中，選一個樂器代表獅王進場的動作，並根據牠的音型做出聲音來。為什麼你會選這樣樂器？（問題解決）
◔ 邀請其他孩子對上一個問題孩子所選樂器聲音是否合適進行評價。

055

教學錦囊

♡ 氣球傘是專為團體活動而設計，是種推動團體合作活動較佳的道具。氣球傘的兩個最主要的活動，就是要孩童將傘舉起、放下和旋轉。接著挑戰孩子，要求他們用大手臂舉高、舉低做出大小波浪的變化。或請抓住某種顏色的孩子將傘舉起，其餘的孩子則進入傘內跳上、跳下的鼓動氣球傘。或者將傘往上飄，使充滿氣後做成熱氣球狀。

♡ 在支持孩子對於空間概念的理解中，Weikart 和 Hohmann（1995）認為孩子能學習到「空間」概念，是因為他們可以自由移動，並利用有趣的物品做出他們想要做的東西。氣球傘是孩子非常感興趣的物品，它在空間中的創意表現性正符合專家所提出的概念。而當孩子躲在氣球傘內時，這些活動可幫助孩子體驗不同大小的空間感。此外，氣球傘能變化出各種不同的造型，還可幫助孩子探索較複雜的空間概念。

第三單元 人聲與樂器探索遊戲

(一) 克難家族

◎ 音樂元素──音色聽辨、聲音即興、節奏 echo

教學資源

　　音樂：小朋友來了（飛杜拉 CD：4421）、十個美女（飛度拉 CD：4420）。音樂：ㄅㄅㄅㄅㄅㄅㄅㄨ（信誼基金出版）。各種克難樂器：各式各樣能發出聲音的物品，如木板、洗衣板、風鈴、水管、水桶、哨子、湯匙、各種紙張、奶粉罐、各種鍋碗瓢盆……。白紙或報紙、魔術袋、笛頭。

056

暖身活動

1　利用身體各部位進行節奏 echo，以作為敲擊克難樂器之節奏暖身。

2　聲音大發現：利用各種紙張，讓孩子運用揉、捏、抓、扯、彈……等操弄方式，來製造各種聲音，並鼓勵孩子創作不同的操弄方式。讓孩子利用紙的特性來製造各種音響，並運用聯想技術，讓孩子聯想這些聲音與生活周遭之大自然聲音有何關聯，並進一步讓孩子運用語彙來形容這些聲音。如：像風吹的聲音、像小鳥在叫的聲音……。

3　語言說白節奏：老師帶領孩子唸「小老鼠」的兒歌說白，並引導孩子做出身體節奏。內容如下：「小老鼠，上燈台，偷油吃，下不來，嘰哩咕嚕、嘰哩咕嚕，滾下來。」

教師佈題

1　教師在教室周圍放置各種能發出聲音的物品當作克難樂器，或者利用「魔術袋」裝上聲音對比性較高的克難樂器讓孩子辨認。

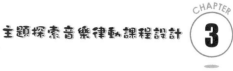

② 教師鼓勵孩子在周遭環境中尋找任何一件能發出聲音的東西，當作克難樂器，並進行聲音或敲擊的自我探索（圖 3-38、圖 3-39）。

圖 3-38　鍋碗瓢盆的自我探索活動　　圖 3-39　鐵罐及塑膠罐的聲音探索

③ 教師提示孩子如何去發現聲音，並進行引導性思考：
　◖ 生活中隨處可發出聲音的物品有哪些？
　◖ 這些物品要如何操弄才會發出聲音？
　◖ 哪些聲音是好聽的聲音？哪些是難聽的聲音？
　◖ 如何才能讓物品發出好聽的聲音？
　◖ 如何讓樂器發出大及小的聲音？（圖 3-40）
　◖ 請你仔細聽聽手上的樂器聲音，並注意別人手上樂器的聲音，之後找到和你的樂器相似聲音者坐在一起。

圖 3-40　澳洲原住民樂器吹奏

自由或合作探索

1 激發孩子運用任何方法讓所蒐集到的樂器發出任何可能的聲音。

2 讓孩子自己尋找出能發出相同聲音的樂器,並運用「組織的技巧」之教學策略,指導孩子將各種不同聲音來源之樂器擺在一起,並組成一個合奏家族(圖 3-41)。

圖 3-41 將相同樂器的聲音擺在一起,組成樂器家族

教師引導元素探索

1 接著利用「笛頭」讓孩子運用各種方法發出各種聲音,如:海鷗的叫聲、小鳥的叫聲、救護車的聲音、警車的聲音……等(圖 3-42、圖 3-43),老師則以 echo 方式,指導孩子模仿教師用笛頭發聲及做出節奏。

圖 3-42　我會吹出小鳥、海鷗和孔　　　　圖 3-43　我會吹出火車、救護車的聲音
　　　　　雀的聲音

2 笛頭交響曲：由孩子們運用故事接龍方式自編一個簡單的故事，並引
導孩子運用笛頭為主要樂器並結合其他克難樂器來串聯這個故事的音
效（圖 3-44）。

圖 3-44　幼兒自編故事並利用笛頭創作聲音音效

高潮活動

　　利用鍋碗瓢盆作為主要的克難樂器，由老師指揮幼兒運用先前的「小
老鼠」節奏做即興表演（圖 3-45）。

圖 3-45　克難樂器的合奏活動

藝術討論

1 在與孩子一起聆聽克難樂器所發出的聲音的同時，可以進一步鼓勵他們討論這些經驗，這些談話最好是孩子們在活動中自然地被引發，但是孩子若無法自己引發討論，則老師應扮演促發者之鷹架角色，來引發討論的問題。

2 討論的問題如下：

- 說說看你操作的這項樂器所發出的聲音有什麼特別的地方？
- 同一件樂器用不同的方式敲出來，聲音聽起來有何不同？
- 在各項分類中，讓孩子指出哪些樂器是屬於金屬、木頭和塑膠質地？

教學錦囊

- Scott-Kassner（1993）認為把玩教室中簡易的節奏或旋律樂器是孩子早期玩鍋碗瓢盆遊戲的一種邏輯性經驗的延伸。幼兒具有「探索聲音」的特性，我們可以由孩子在玩節奏樂器時，來回不斷試驗各種聲音的表現中發現這項特質。因此，透過樂器來幫助孩子去發現聲音、發展聲音概念以及控制聲音的能力是很重要的探索活動。

對幼兒而言，音色是最容易理解的音樂要素，同樣的旋律、同樣的音程，如果以不同的樂器來演奏，會呈現截然不同的音色。正因為音色容易理解，因此在教導幼兒進入音樂世界過程中，音色聽辨是絕對不可免的。

孩子們在日常生活中，常被許多聲音所圍繞，像雨的聲音、門開關的聲音、走路聲、鐘響聲……，然而，聲音是如何形成的？例如：樂器為何能發聲？聲音又是如何傳送的？這些都是值得孩子深入探索的概念。此外，孩子也常在日常生活中，運用許多可發聲的器具來玩發聲的遊戲，因此，敲敲打打的經驗對幼兒來說並不陌生。當孩子發現自己有這項表現能力時，他們便開始喜歡聆聽或辨認他們所聽到的聲音，此時教師鼓勵他們用語彙來形容他們所聽到或製造的聲音，是藝術討論中重要的活動。此外，在孩子探索過程中，老師應盡量以各種問題刺激幼兒思考，並讓幼兒實際運用觀察、推論、預測、分類、比較、溝通等能力，來建構出對聲音的概念。

在幼兒期培養幼兒的獨立性及自動自發精神是很重要的，而讓幼兒在進行活動時扮演領導者的角色，可協助幼兒發展獨立的思考（Weikart, 1987）。本活動指揮的遊戲主要是讓領袖有機會用身體想出一些指令，而其他孩子則學習跟隨指令做動作。若要讓幼兒都有機會可以發展獨立思考，則領導角色必須由所有孩子都有機會嘗試，而非由一個或少數孩子來做決定。

(二) 玩具交響曲

◎ 音樂元素——節奏 echo、音色探索
◎ 律動元素——身體接觸即興

教學資源

　　音樂：杜鵑波卡（飛度拉 CD：4415）、木笛、孩子們帶來的各種玩具樂器、不同顏色呼拉圈各一個、朱宗慶打擊樂團年度發表會錄影帶「石頭、罐頭、點點頭」。

暖身活動

1　利用身體各部位及各種口技聲音進行節奏 echo，以作為本活動之節奏暖身。
2　在音樂背景或老師吹奏木笛之下，隨著八拍一個單位在教室中行進，另一個八拍則找一位小朋友做各種方式的身體接觸（圖 3-46、圖 3-47）。（用身體打招呼）

圖 3-46　用肚皮打招呼

圖 3-47　用耳朵打招呼

教師佈題

1　與孩子討論平常玩玩具的經驗，曾玩過哪些會發出聲音的玩具？
2　老師播放朱宗慶打擊樂團的表演節目（玩具交響曲），引發孩子進一步的討論。

自由或合作探索

1 老師在教室中佈置各種可發聲的玩具讓孩子自由探索，過程中老師記錄孩子的探索表現作為未來課程建構之依據（圖 3-48～圖 3-51）。

圖 3-48　小型玩具樂器

圖 3-49　日常生活用品作為樂器

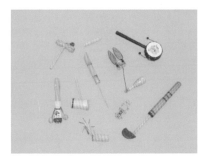

圖 3-50　童玩樂器

圖 3-51　玩具鋼琴

2 鼓勵孩子彼此分享所帶來的樂器，或者運用合作方式，一起探索玩具樂器的各種聲音（圖 3-52）。

圖 3-52　合作探索家中帶來的玩具樂器

教師引導元素探索

　　將孩子所組成的樂器家族命名，接著以呼拉圈顏色區分代表各樂器家族，運用「腳」做指揮工具在呼拉圈內指揮，則負責該圈的樂器隨著指揮給的節奏模式來演奏，教師視適當時機給予大小聲或速度快慢的變化（圖3-53、圖3-54）。

圖 3-53　利用幼兒所蒐集的玩具樂　　　圖 3-54　不同顏色的呼拉圈代表不同
　　　　　器做合奏　　　　　　　　　　　　　　　樂器家族

高潮活動

　　選擇一位小朋友擔任指揮，其他幼兒則擔任伴奏的角色（圖3-55）。

圖 3-55　幼兒輪流擔任指揮工作

藝術討論

1 剛剛在做身體打招呼的遊戲時，你用過哪幾個身體部位來和小朋友打招呼？（身體部位認知）

2 錄影帶裡面，你發現有哪些日常生活用品是可以發出奇妙聲音的？如果是你來把玩這個東西時，你會製造出什麼樣的聲音呢？（藝術分享）

（三）鼓動大地

 探索元素

◎ 音樂元素──音色聽辨、節奏 echo、力度及音量對比、旋律音型
◎ 律動元素──身體節奏即興、力量對比

教學資源

音樂：飛杜拉（CD4421：No.1）；歌謠：自創「貓咪愛打鼓」；手鼓、鈴鼓、康加鼓、非洲鼓、波浪鼓、豆粒少許、黑板、木琴、木笛、白板及畫筆。

暖身活動

1 利用遊戲方式進行暖身，孩子一邊走動一邊唸兒歌，並隨兒歌的節奏行走。

2 兒歌內容如下：
「鼓鼓鼓，小貓咪會打鼓，小老鼠沙灘跳著舞，那地球搖著大屁股。」
（鼓）（圖 3-56）

圖 3-56　唸歌謠時，幼兒想到用屁股搖動方式配合歌謠的節奏

3. 讓小朋友手持手鼓，一邊唸歌謠，當碰到歌詞中有「鼓」時，則敲一下手鼓。

4. 讓孩子圍一個大圓圈，老師指定外圍幾位幼兒手持手鼓，要求一位幼兒在圈內行進，當兒歌唸到「鼓」時則用身體的任何部位在外圈幼兒所持的鼓上敲一下（圖 3-57、圖 3-58）。

圖 3-57　用手肘敲

圖 3-58　用頭部敲

5. 延續上一個主題的活動，小朋友對手鼓的敲打已具備基本技巧，接著老師運用「以手鼓節奏打招呼」的遊戲，在老師鋼琴即興音樂下，讓孩子以手鼓來進行進一步的節奏活動。除了進一步建構對手鼓的敲擊知識外，還可建立友伴之間的默契。二人一組牽手去郊遊，在走完八拍後用手鼓打二次節奏組型。

教師佈題

老師在教室佈置各種鼓類樂器，並提示孩子鼓的特性（圖 3-59）。老師提出下面的問題，讓孩子思考：

圖 3-59　鼓動大地主題中教師的佈局

- 鼓可以用什麼方法讓它發出聲音？
- 各種鼓在外型上有什麼不同？各部位敲出的音色有何不同？
- 請你想想除了用手敲鼓之外，還可以用身體的哪些部位來敲，也可以讓鼓發出不同的聲音？（圖 3-60、圖 3-61）

圖 3-60　用手肘敲鼓面

圖 3-61　用指甲敲鼓邊

◐ 你如何在鼓上拍出輕輕的聲音？如何拍出重重的聲音？（譬如用手掌用力拍大聲、用小指輕拍小聲）

◐ 請你在手鼓上練習各種敲法（如用手指敲打手鼓邊緣、以手指敲打鼓的中央、以一根手指輕敲、以整個手掌拍打、以四根手指錯開輪流敲打、用手指在鼓面上滑動等方式）。（圖 3-62、圖 3-63）

圖 3-62　嘗試在鼓邊的金屬部分玩弄聲音

圖 3-63　兩人合作在兒童鼓上磨一磨

自由或合作探索

1 讓孩子自由把玩老師所準備的各種鼓類樂器，老師記錄孩子的操作方法。

2 以老師為 leader 用康加鼓創作簡單的節奏，並讓其他孩子用自己的鼓做「echo」。

3 老師在手鼓面上放置一小撮豆子，讓孩子拿鼓棒用輕與重的力量來敲鼓面，並觀察豆子在不同力度下的跳動情形（圖 3-64）。

圖 3-64　利用豆子讓幼兒體會在鼓上運用輕重力量的對比性

教師引導元素探索

1. 以一個固定拍的速度行進，並指定孩子輪流用手鼓擊固定拍。
2. 繼續行進，老師將孩子分配成紅、藍兩組，當紅組擊固定拍時，藍組休息（休止）；當藍組擊鼓時，紅組休息。
3. 兩人一組，一人用鼓打一個節奏，另一人做節奏模仿；交換角色後再作一次（圖 3-65）。（身體節奏即興）
4. 合奏練習：一組用手鼓打固定拍、一組則打ㄊㄚ ㄊㄧ ㄊㄧ ㄊㄚ的節奏。

圖 3-65　在 B 段音樂中敲兩次節奏型（加入上下方位對比）

5 導入音樂圖譜：

讓孩子想像上述兒歌的歌詞，如何用簡單的線條或圖形來表達，如：
「鼓鼓鼓，小貓咪愛打鼓，小老鼠沙灘跳著舞，那地球搖著大屁股。」
（圖 3-66、圖 3-67）

● ● ●　　　　　●　ꬾꬾꬾꬾꬾꬾꬾ　☆☆☆☆☆☆☆●

圖 3-66　幼兒正在畫象徵鼓的音型

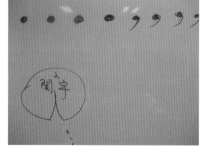

圖 3-67　歌謠中幼兒畫出三種音型

6 老師指揮圖譜，紅組幼兒唸兒歌說白節奏、藍組幼兒則做出鼓的音效。

高潮活動

1 引導孩子唸兒歌，一邊用身體做出即興律動，當唸到「鼓」時，則敲一下手鼓。

2 老師將幼兒分成三組，其中兩組用木琴做頑固伴奏，另一組做身體律動及鼓的音效，老師則用木笛吹主旋律。

頑固伴奏 A 組　│ C <u>C C</u> C- │　B 組 │ A G F E │

老師吹主旋律：│ 5　6　　5 . <u>5</u> │ <u>5 5 5 6</u>　5 . <u>5</u> │

　　　　　　　│ <u>1 1 1 5 6 6 5 5</u> │ <u>3 3 2 1</u> <u>2 2</u>　1 │

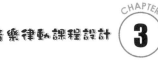
藝術討論

- 老師所展示的鼓中，每一種鼓的聲音有什麼不同？
- 你最喜歡哪一種鼓的聲音？為什麼？（藝術評論）
- 在畫音樂圖譜時，除了剛剛所用的圖形或線條外，還可以用哪些線條或圖形來表達？

教學錦囊

- 音樂是時間的藝術，繪畫是空間的藝術，兩者表達的媒介雖有很大的差別，然其藝術本質有著不可分割的融通性。如旋律即線條、快慢與節奏即構圖的律動、和聲即空間、音色即光影與質感、曲式即佈局、強弱即色彩（陳淑文，1992）。由此可見，音樂與繪畫有著密不可分的關係，而運用圖畫輔助音樂教學的活動，是將樂譜轉化成圖形譜來幫助學習者掌握樂曲的內容，從圖形設計「點、線、面」的要素中，找出圖形如何應用在音樂教學的部分。

- 手鼓和鈴鼓是相似的樂器，和鈴鼓不同之處在於手鼓沒有鈴鐺。手鼓鼓面是用牛皮或魚皮所製成，敲奏時可用鼓棒或完全不用鼓棒而用手來敲奏。手鼓的音色是很具魅力的，可因打擊方式的不同而有多采多姿的變化。尤其是，縱使是生手也可以敲打出多變化的聲音，這種特質可以讓孩子玩得高興而樂於接納它（引自鄧麗寶，1993：25）。本研究利用手鼓讓孩子自由探索各種不同的敲打方式，小朋友不但得到新發現的驚奇，更由中培養了創造力及實驗的精神。

071

（四）敲擊嬉遊樂

◎ 音樂元素──音色聽辨、音色創作、聲音對比

教學資源

　　歌謠：王老先生有塊地。音樂：飛杜拉（CD4421：No.4）。各種小型無音高的打擊樂器，包括鈴鼓、木魚、響板、響棒、砂鈴、阿哥哥、刮胡、牛鈴、雙鈴等，以及遊戲單、畫筆。

暖身活動

1. 老師帶著孩子唱「王老先生有塊地」歌謠，並由孩子每人選擇一種動物角色，再請孩子為該動物創造一個叫聲。
2. 接著讓孩子做聲音填充遊戲，如：「王老先生有塊地，咿呀伊呀呦，他在田邊養小雞，咿呀伊呀呦。這裡嘰嘰嘰，那裡嘰嘰嘰，這裡嘰，那裡嘰，到處都在嘰嘰，王老先生有塊地，伊呀伊呀呦。」
3. 每位孩子將自己所愛的動物和叫聲填入上述歌詞中標示黑底處。
4. 讓孩子用各種小型打擊樂器為動物叫聲配樂。

教師佈題

　　老師在教室內佈置各式各樣的打擊樂器，讓孩子自由探索（圖 3-68 ～圖 3-71），並提出下列問題，請孩子思考：

- 請你用棒子敲敲木魚，找出何處的音色是最明亮的？
- 敲木魚時，用力敲和用手腕力量彈起來敲感覺有何不同？
- 搖砂鈴時，搖動與不搖動手腕，其音色的表現有何不同？

敲響棒時，雙手緊握響棒與運用共鳴原理所敲出來的音色有何不同？

請你按聲音的高低，將所有打擊樂器分成兩類。

✦ 各種小型的節奏樂器

圖 3-68　砂鈴、蛋砂鈴、蘋果砂鈴、
　　　　　奇異果砂鈴、手搖鈴、雪鈴

圖 3-69　響棒、枕木、小型木魚、
　　　　　單頭木魚、高低音木魚、阿哥哥

圖 3-70　幼兒利用骨牌響板
　　　　　進行聲音的探索

圖 3-71　幼兒用雙腳夾住
　　　　　辣齒轉動以發出聲音

自由或合作探索

1 請孩子根據老師所做的佈題內容，做深入的自我探索。老師則觀察孩子的表現做成紀錄。

2 教師一邊說故事，孩子一邊運用樂器探索並即興創作各種故事中可能出現的音效。故事內容如下：

國慶日到了，小朋友在晚上會看到各式各樣的煙火，有一次，小朋友發現一起玩煙火很有趣，因此，他們在白紙上先畫上各種不同煙火的樣子，然後用樂器去創作各種煙火所可能發出的聲音。

3 接著，老師發給每位孩子一張畫著不同煙火的遊戲單，讓孩子先塗上喜愛的顏色之後，再把六張煙火圖片剪下，每人拿著一組圖片。首先，將圖片正面朝下，小朋友兩兩一組各挑一張圖片後，讓小朋友自由配對，爾後，選擇樂器做出圖片中的音效（圖 3-72、圖 3-73）。

圖 3-72　在聲音想像前讓幼兒畫出煙火的想像圖

圖 3-73　孩子們非常開心地玩著自己所繪製的圖卡遊戲

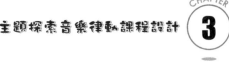

教師引導元素探索

1　老師為孩子講一個「貓頭鷹和螢火蟲的故事」故事內容如下：
在一個月黑風高的晚上，四周沒有任何動物，也沒有任何聲音，SAM SAM 這隻貓頭鷹好孤獨喔。你聽，牠正在唱著無聊的歌呢！SAM SAM 這裡飛飛，那裡飛飛；這裡找找，那裡找找，找遍了所有的地方，就為了找一個玩伴。

　　但是，天太晚了，突然間，牠看到一道光芒，在黑暗中閃了過去，啊！是螢火蟲耶！這邊有一群螢火蟲，那邊也有一群螢火蟲，牠們從貓頭鷹旁邊飛了過去。這時候，SAM SAM 決定跟著螢火蟲，並且要求螢火蟲和牠一起玩。

　　SAM SAM 好開心地唱著愉快的歌，其他的螢火蟲和貓頭鷹也聽到 SAM SAM 唱的那首好聽的歌，突然間，一陣騷動，牠們便紛紛地加入這場遊戲中。一瞬間，每一隻貓頭鷹都擁有了一隻螢火蟲朋友，因此，牠們便開始玩起追逐遊戲呢！（即興舞蹈）

　　玩著，玩著，貓頭鷹突然之間停了下來，發現螢火蟲在天上排出三個很大的字母 S-A-M，那不是 SAM SAM 的名字嗎？所有的貓頭鷹看到這個美麗的景象都高興地跳起了舞來。（即興舞蹈）

　　但是，時間一分一秒飛逝而過，白天已逐漸地接近，螢火蟲朋友們隨著白天的接近，也逐漸地消失了。這時，好像聽到貓頭鷹又開始唱起了無聊之歌呢！

2　接著由老師引導孩子在黑底處用人聲或樂器創作聲音以及即興律動。

高潮活動

　　讓孩子將上述故事所創作的人聲、樂器聲以及即興律動在眾人面前表演出來（圖 3-74）。

圖 3-74　將所學的節奏型並結合小型節奏樂器和律動的高潮活動

藝術討論

1 敲木魚時，用力敲及用手腕力量彈起敲動的聲音有何不同？哪一種聲音聽起來比較優美？為什麼？

2 敲響棒時，雙手緊握響棒與運用共鳴原理所敲出來的聲音，哪一種比較好聽？為什麼？

行動研究設計

　　本章首先探討幼兒藝術及音樂律動課程的本質與教學內涵,歸納分析過去與近代幼教及藝術教育理念中兒童探索音樂律動元素與教學之理論基礎;接著藉由擔任師資培育課程之機會,蒐集現場幼教教師對音樂律動教學之看法,由此而建構一套以主題探索及音樂律動元素為設計主軸之幼兒音樂律動課程。除此外,筆者自行擔任教學者角色,進入現場帶領一小組幼兒進行以音樂律動元素為核心的教學活動,分析幼兒在音樂律動活動的探索行為表現;探討教學過程中師生如何共同建構學習以及整個課程建構歷程所面臨的挑戰。為了發展出一套真正適用於幼教現場教學的課程,筆者也同時帶領幼保科學生研討自己所研發之課程,並將其帶進現場與幼兒互動,同時記錄教學歷程、省思紀錄及回應,以提供研究者檢視、對照與印證研究者所發展出來課程的合宜性。

第一節　行動歷程

　　蔡清田(2000)指出教育行動研究的過程包括:關注問題領域焦點、規劃行動方案、尋求合作夥伴、實施行動方案及進行反省評鑑歷程等。此外,Altrichter、Posch 和 Somekh(1993)則指出行動研究階段應包括尋求一個起點、釐清情境、發展行動策略並放入實踐中,以及公開教育的知識等階段(引自夏林清等譯,1997)。本書綜合以上建議並規劃行動研究之實施步驟,說明如下。

壹、行動研究實施步驟

✦ 一、釐清問題焦點

為改善幼稚園音樂律動課程設計與教學之問題,筆者藉由「以主題探索建構幼兒音樂律動課程」之行動研究歷程,了解音樂律動課程的發展脈絡,增進音樂律動課程設計之品質,以提升幼兒探索行為表現。

為釐清問題焦點,筆者利用擔任教育大學幼托專班音樂律動課程授課的期間,蒐集現場幼教教師對園所音樂律動教學現況之看法,運用前導性教學釐清建構理論運用於音樂律動教學之做法,並協助自己了解現場幼教教師運用音樂律動主題探索課程之實施現況與實施困境,以作為正式研究課程之修訂參考。

✦ 二、規劃教育行動研究方案

規劃教育行動研究方案,主要包括:擬定教育行動研究計畫、規劃蒐集資料、修正可能解決問題的行動計畫,以及開源節流與掌握資源等。本研究屬於課程與教學的行動研究,其研究的循環步驟則包括:發現課程問題、界定課程問題範圍、擬定課程計畫、蒐集課程資料、修正課程內容、實施課程以及評鑑課程等。

✦ 三、尋求合作,徵詢可行之方案建議

在主題實施的過程中,運用訪談、討論等方法,廣泛徵求研究園園長、教師、協同教學者、幼保科學生、現場幼教教師以及學者專家的意見,以作為修正課程或行動方案之依據。

✦ 四、採取行動,執行方案,並監控蒐集資料證據

「以主題探索建構幼兒音樂律動課程」之行動,自 2005 年 1 月起至 2005 年 7 月。參與研究的幼兒為中班年齡層十二位孩子,每次教學過程均以錄影、錄音、拍照的方式記錄歷程,再於事後由筆者記錄教學過程之師生對話、互動,並透過記錄的過程,分析幼兒所表現的音樂律動探索行為,反思筆者自己的教學行為及研究困境。

本研究所探索的主題有：大胖子與小胖子、布條探索遊戲及人聲與樂器探索遊戲等三個主題，每個主題進行四至六週（時間長短依不同主題的探究時間而有不同），每次課程之進行流程為：暖身活動 → 教師佈題 → 自由或合作探索 → 教師引導元素探索 → 高潮活動 → 藝術討論。

為了要監控教育實務工作者自己本身的行動，必須在進行研究之前，確定進行行動研究的動機與目的，並在行動研究的每一階段當中，不斷地進行反省檢討。而監控行動研究的方式可運用撰寫研究日誌、透過錄影和錄音、撰寫反省筆記等（McNiff, Lomax, & Whitehead, 1996）。

✦ 五、實施評鑑，並進行研究歷程修正

本研究在評鑑與回饋階段，納入多元觀點，以增加不同的省思角度。包括由參與園之園所長及教師、幼保科教師同仁、幼保科系學生、幼教現場教師、幼教及音樂律動課程專家學者、音樂律動之藝術專業教師以及音樂律動研究社群等共同參與課程建構歷程之檢證工作。

✦ 六、省思與辨證

行動研究是從不斷的行動與反省修正中逐步獲得預期的成果（McNiff, 1995），從第一個循環行動研究實施，可能引發第二循環的研究，如此便形成繼續不斷的歷程。因此本研究之課程建構歷程是一種不斷循環的螺旋，筆者更從記錄省思日誌及與實務工作者、學者專家之對話中，不斷進行省思與辨證，反覆檢視、對照與印證研究成果。

本研究根據上述研究架構，把握行動研究所強調的不斷循環過程，連結過去經驗和未來行動，進行有系統的學習等要素，形成本研究之行動研究歷程。以下針對兩階段研究流程之發展加以敘述。

貳、行動研究兩階段研究流程

✦ 一、第一階段：前導性研究（2004/02~2004/12）

在確定研究問題之後，筆者即開始進行初步文獻閱讀與探討，擬定主題探索課程草案設計，並利用 2004 年 2 月至 6 月擔任教育大學幼托專班

音樂律動課程授課的期間，蒐集現場幼教教師對園所音樂律動教學現況之看法與意見。並運用課後討論、訪談以及閱讀現場幼教教師的教學省思日記方式，探究現場幼教教師運用主題探索音樂律動課程之實施現況與困境，以作為正式研究課程修訂之參考意見。

　　此外，筆者並於 2004 年 9 月至 10 月期間，選擇八位中班幼兒作為研究對象，記錄教學者與幼兒互動之觀察資料，以及幼兒在歷程中的探索性行為表現，藉此初步釐清課程建構歷程中可能發生的挑戰。

✦ 二、第二階段：正式研究（2005/01~2005/10）

　　完成上階段之探索，筆者正式進入現場教學並蒐集各項資料。本階段研究又可劃分為三個時期：

（一）正式研究初期

　　正式研究初期是從 2005 年 1 月至 5 月，在此期間筆者以十二位中班幼兒作為主要的研究對象，以每週約一個半鐘點時間進行課程探索活動，探索主題包括大胖子與小胖子、布條探索遊戲兩大主題，並根據主題發展出如彩帶仙子、洗澡樂逍遙、蝶舞、氣球傘搖滾等小主題。在進行教學期間，由二位高職幼保科學生擔任協同教學者，以協助筆者進行教學與資料蒐集工作。教學期間，協同學生記錄教學觀察及省思，作為與筆者共同進行反省思考，並提供筆者作為教學歷程策略改變之參考。

（二）正式研究中期

　　正式研究中期為 2005 年 6 月至 8 月，期間每週以一個半至二個鐘點時間進行教學，進行的主題為：人聲與樂器探索遊戲，並根據此主題發展出，克難樂器家族、玩具交響曲、鼓動大地、敲擊嬉遊樂等小主題。

（三）正式研究後期

　　正式研究後期為 2005 年 9 月至 2005 年 10 月，在此期間，筆者以幼保科高三班級約四十名學生作為參與研究資料交叉檢證的對象，以每週四個鐘點時間進行主題探索課程之教學。過程中，為進一步檢證課程建構之

歷程，特別邀請一位主修幼教、副修創造性舞蹈的專家參與課程之觀察，並於每次課後與筆者共同討論課程內容，並針對課程實施提出建議，以利筆者進一步建構與修正課程內容。

圖4-1說明整個行動研究的架構：

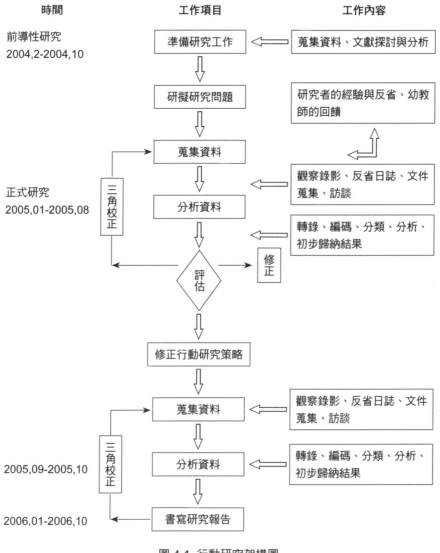

圖4-1 行動研究架構圖

081

第二節　參與研究者

壹、研究參與者

　　本研究取樣範圍以翠堤家商附設幼稚園中班幼兒為主要的研究對象。為考慮良好師生比，以提升教學品質，本研究根據 Sullivan（1982）所建議：八至十五位幼兒是教師進行音樂與律動教學時的理想人數，假如可能的話，限制每次和你工作的孩子大約在十人左右，若超出十人以上則以增加一位助理較理想。本研究之研究對象主要為中班幼兒十二名，女生八名，男生四名，平均年齡為五歲。

貳、協同教學者

　　在正式研究階段之 3 月至 5 月期間，為協助筆者進行教學準備及其他教學工作，筆者商請幼保科兩位學生擔任協同教學角色，主要工作包括：(1)協助教學前的環境佈置工作，包括樂器的準備、音樂的播放、教具圖片的張貼或道具的佈置等；(2)協助進行教室管理工作；(3)分組活動的帶領；(4)視狀況擔任主教工作；(5)特殊活動之拍照；(6)繕寫教學省思紀錄；(7)與筆者共同省思課程之建構歷程等。

參、其他參與研究者

　　在課程建構歷程中，為提高課程的適用性，在不同研究階段，安排不同的參與者參與研究，以蒐集各種交叉檢證資料，作為方案修正之參考依據。其他參與研究者包括：幼兒舞蹈教育專家、教育大學進修暨推廣教育部幼稚園及托兒所在職人員職前教育課程專班學員、托育機構兒童福利專業人員在職訓練研習之幼教教師、選修幼兒音樂及創造性肢體活動課程之學生等。

第三節 研究場所

為確認較適宜小團體肢體活動空間，本研究根據 Sullivan（1982）在 *Feeling Strong, Freeling Free: Movement Exploration for Young Children* 一書中對教學時空間（space）的運用，建議以大約十五呎為一個良好區塊，若空間太大則可用膠帶或粉筆畫出區塊，或是用地墊來確認範圍。本研究為縮小活動空間，決定在教室中運用把干、大型樂器或以顏色膠布黏貼方式做範圍界線，以避免幼兒在課程進行中，發生較多奔跑與衝撞的行為。

此外，因為相關器材和設備的充足性會直接或間接影響教師音樂與律動教學活動的進行（許月貴，2000：52），因此，本研究運用學校韻律教室的理由在於教室中可運用教學與研究的資源相當豐富，諸如：各種可發揮孩子表達性能力的素材相當豐富、各種樂器種類繁多，可滿足教師教學設計的需求，且可提供幼兒充分探索的機會。

龍應台曾指出：教幼兒對美有感覺，一定要把他從藝術教室裡拉出來，帶到大自然去，放在田埂旁邊，並讓他盡量用眼睛去看、用心去感覺，因為生活環境中人、事、物呈現就是指導幼兒初嘗美感經驗的最佳資源，如：大自然的景物、四季的變化、房舍建築、人類多變化的肢體和表情形式等等，都充滿著藝術元素的構成（引自范瓊芳，2004：6）。因此，為增加藝術元素並提升幼兒探索的可能性，本研究則視活動主題的需要，將活動場所延伸到室內遊戲室、表演廳以及戶外遊戲場或自然環境中，尤其在戶外遊戲場中，充滿樹、大草坪、有地方可以躲藏、大肌肉活動及探索、有一些可以創作和分解的素材，在這些遊戲環境中，可讓幼兒的肢體感覺更開放。譬如：在布條探索主題中，為了讓幼兒能感受到肢體的充分開放，常利用充滿草坪的大操場中，讓幼兒盡情享受肢體探索的樂趣。此外，當主題結束後的高潮活動，則常利用室內外表演廳作為成果的展示場所。

第四節 研究者角色

筆者個人的經驗背景會影響資料蒐集的意義性與豐富性，對研究現場的洞察力能提供具積極意涵的資產，在與不同參與者協商與討論過程中，筆者隨時保持彈性的心智。筆者本身是研究者亦是行動者，因此，在課程建構歷程中，筆者將視不同階段的需求扮演不同的角色。

壹、課程設計者

筆者根據本研究之理論基礎，設計各項主題之探索內容。由於行動研究強調研究的螺旋循環歷程，因此，課程形成歷程依擬定計畫 ←→ 實行 ←→ 評估 ←→ 檢討等程序，來進行課程之規劃與實施。

貳、教學者

筆者本身除具備幼兒發展及音樂律動教學之專業知能與素養之外，並深諳幼稚園內所運用的幼教教學模式內涵，較懂得如何將藝術與幼教理念加以連結，以設計出適合幼兒在主題教學模式下所發展出的音樂律動探索課程。在課程形成歷程中，為提高課程在現場的適用性，筆者透過各種研討會及師資培訓課程，與職前教師及現場幼教教師進行對話，符合行動研究所強調共同反省思考與批判精神，以提升課程建構的內涵。

參、蒐集資料者

除了研究日誌外，本書更透過多元方式來進行資料蒐集工作，如：觀察紀錄、教學逐字稿、訪談紀錄、相片分析……等資料，提高資料分析上的信效度。

肆、訪談者

　　在不同階段，針對不同的對象進行訪談，訪談對象包括：參與研究之幼兒與家長、參與研究園園長及教師、現場幼教教師、藝術專業教師及幼教專家學者等。

第五節　資料蒐集

　　本研究以觀察、訪談、討論、省思札記及相關文件資料蒐集方式進行研究，並以錄音、錄影、拍照等方式記錄相關資料。以下敘述資料蒐集的方式及內容。

壹、相關文獻

　　蒐集國內外有關幼兒藝術課程的本質與內涵之文獻，歸納分析過去與近代幼教理念及藝術教育理念所主張的藝術教育，提出一套根據建構理論所發展出來的音樂律動課程之理念與做法。

貳、訪　談

　　筆者於課程結束後與孩子進行追蹤式訪談，以了解孩子是否明白老師所要傳遞的音樂律動概念。

　　此外，邀請研究園園長及老師參與觀摩主題的活動，並於課程進行過程不定期與園長、老師或其他專家學者進行訪談，以檢證課程是否符合建構教學取向。在課程形成過程中，更透過與學者專家及現場幼教教師之訪談，了解幼兒園音樂律動教學之問題與困境，作為課程修訂之參考。在行動研究歷程中，透過與高職幼保科學生之研討，並協助其進行模擬教學，並在模擬教學後，進行討論與訪談，以了解本研究所發展之課程在幼教教學現場之適用情形。

在研究後期，為了更進一步地檢證本研究之課程內涵與適用性，特別邀請一位幼兒音樂律動教學之專家共同參與檢證之工作。在每週筆者進行幼保科學生教學以及引導學生進入現場試教的過程中，邀請其進入現場擔任觀察員的角色，並於每次課後針對課程的內容與實施進行訪談錄音，以提供筆者反思課程之參考意見。

參、省思札記

田野筆記是伴隨在每次現場的教學、參與活動、參與觀察後的一種紀錄與省思，研究者乃本研究之主要研究工具，因此為了增加研究的信度，客觀詳實地記錄將是一重要證據之來源（簡淑真等，2003）。札記本身即為反思的工具，本研究之教師札記即為研究者每次教學的筆記、省思紀錄以及協同教學者的省思或其他紀錄文件。

肆、討論記錄

為了解現場教師的看法，並進而改進筆者的教學內容，以及確定課程內容在現場的適用性，筆者利用擔任師資培育音樂律動與創造性肢體活動課程的機會，與幼教教師們共同閱讀建構理論、音樂律動教學之相關文獻，實際分享研究者所設計之探索取向音樂律動課程主題方案。爾後，邀請教師們根據音樂律動課程內容進行實驗教學，並將教學過程中師生對話內容及教師省思記錄下來，再帶到課室內與筆者進行討論、回饋、質疑、辨證，以提供筆者修正主題方案與實施教學的意見。以上做法除了共同檢證資料外，更可協助筆者對教學形成反思批判的後設分析能力。

伍、觀察記錄

詳實記錄教學現場中「教與學」之歷程，描述在現場所觀察到的實況場景、人物素描、動作及對話。此外，也經常邀請研究園園長與教師及相

關之學者專家進入研究現場參與觀察，共同檢驗所蒐集之現場教學紀錄，並確認課程是否符合研究取向。

　　由於本研究採用質性方式觀察與記錄幼兒在音樂律動活動之探索行為表現，因此，筆者與協同者在觀察、記錄及描述行為表現時，必須保持客觀、審慎的態度。

陸、其他相關文件資料

　　本研究中之文件資料包括：筆者所設計的探索課程計畫、協同教學者的教學計畫、教學中各種活動紀錄、幼兒活動照片、幼兒圖畫作品、學習單、學術研究社群之分享與回應、教師回應與分享紀錄等。

第六節 資料分析

　　在資料整理工作方面，由筆者將現場教學的錄影及各類訪談之錄音資料轉謄為逐字稿。錄影部分則以文字敘寫方式，真實地呈現教學過程中的師生互動特質與對話內容、幼兒動作與探索行為表現、教室情境佈置、教學時所運用的音樂、樂器或道具。之後，反覆閱讀逐字稿，並寫下當時的想法、對教學的反思或對研究取向的評論等，其他的討論與訪談之錄音則轉為逐字稿。

　　本研究根據 Spradley（1979）所發展出的「主題分析法」，針對質化資料進行組織化結構分析。本研究之主題分析有六個步驟如下所述：

1 閱讀包含所有細節資料的筆記。

2 在腦海裡重新把細節歸類到用來組織資料的觀念之中。

3 從記錄主觀意義的筆記中，或研究者用來組織資料的觀念中，建構新觀念。

4 找出觀念間的關係，並根據邏輯相似性將之分成不同類別。

5 經由比較或對比各類概念，而把它們組成較大類別。

6 重新組織，並結合各個類別，使成為更為廣泛的整合性主題。

　　根據以上步驟，本研究所形成之主概念包括：課程建構的層次、教師理念、鷹架角色、教學策略、角色、教室經營以及藝術討論等。表4-1為資料分析之主概念與次概念內容：

＊表 4-1　資料分析主概念與次概念

主題	主概念	編號	次概念
A. 師生共同建構學習	課程建構的層次	A-1-1	主題課程的建構層次
		A-1-2	節奏組型的建構層次
		A-1-3	對比元素的建構層次
B. 教師理念及教學策略	1. 教師理念	B-1-1	教學引導
		B-1-2	尊重與欣賞
		B-1-3	信任
	2. 鷹架角色	B-2-1	環境與材料鷹架
		B-2-2	語言鷹架
		B-2-3	同儕鷹架
	3. 教學策略	B-3-1	創造性教學策略
		B-3-2	主動教學策略
		B-3-3	高層思維策略
C. 教學與研究困境	1. 研究角色	C-1-1	教學者角色
		C-1-2	輔導者角色
		C-1-3	資料蒐集者角色
	2. 教室經營	C-2-1	討論與聆賞音樂
		C-2-2	特殊行為輔導
		C-2-3	教室空間運用
	3. 藝術討論	C-3-1	藝術美學思考
		C-3-2	藝術語彙運用

　　資料的蒐集和分析同時持續地進行，筆者在現場進行教學和訪談蒐集資料時，即持續地閱讀逐字稿、教學省思日記、研討會課後討論紀錄、協同教學者的省思紀錄、各項訪談記錄、專家的觀察與建議、各項活動歷程之相片分析以及其他文件資料等。

　　在書寫行動研究結果方面，筆者將所有資料影印，並將資料按研究目的將同一類資料依時間發生之前後，找出希望進一步分析的概念，對課程建構的思考，以及對行動研究歷程的種種想法。在概念分析方面注重系統性的概念分析或引用概念時須具備一定的價值，並用自己的概念或自己導出的理論與既有理論對話，且盡可能地修正原有的理論。

第七節　研究信效度

　　本研究採用 Siegesmund（2000）所建議的「共識效度」的做法，除了與指導教授以及學術同儕之間的討論對話，而取得對研究資料的共識。此外，與不同的研究參與者就書面呈現內容進行討論與相互辯證闡明，以獲致共識。最後，本研究在正式論文提出前，更透過投稿學報方式做公開的發表，以尋求參與檢證者對資料的對話與辨證基礎，並藉此提升多元觀點的共識效度。筆者以下列策略來增加研究的信效度。

壹、利用三角測量法交叉檢證各項資料

　　為了提高研究信效度，避免研究主觀的影響，筆者採三角測量法交叉檢證各項資料。意即採用多元的參照點，彼此交叉檢核所蒐集到的資料是否具有一致性。本研究交叉檢證資料包括觀察紀錄、訪談紀錄、研究者教學省思日誌、討論紀錄以及其他文件等。

貳、不斷進行自我反省

在研究各階段研究者多次與指導教授的討論，並視實際需要持續對不同研究社群、專業研究者及課程專家於教學模式形成歷程中進行簡報，不斷進行研究反省，以維持資料分析過程與結果的信效度。

參、對專業社群進行知識宣稱

為了與同儕共享實務工作上的經驗、彰顯研究者潛隱的知識以及對較寬廣的知識體系有所貢獻，將研究結果對專業社群或學校中的合作夥伴進行研究結果的宣稱即能達到檢證的目的。基於此，本研究在不同階段以說服一個以上的同儕團體以及學術社群嚴謹地參與研究者對研究的宣稱，並適時提供明確的建議以作為課程的改進以及評量研究成效的依據。

由於本研究屬於課程與教學之行動研究，為了在正式研究前體驗行動研究的精神以及掌握行動研究之寫作方法，筆者以一個具創獲性的主題「共築藝術天地——幼教藝術活動探究歷程之行動研究」，撰寫一篇簡短的行動研究報告，希望藉著論文的發表獲得未來正式研究之理論與實作基礎。

此外，本研究在研究計畫完成階段，曾向幼保科同仁發表計畫內容，以徵求科內教師對計畫的修正意見；在正式研究階段，透過網路與音樂律動研究社群討論有關主題課程在幼兒園實施的可能性，並定期與音樂律動專家交換課程設計與實施的觀點；在論文初稿完成階段，由筆者邀集由幼教及音樂專業領域之專家學者所組成之音樂律動研究社群，以定期聚會方式，由筆者簡報研究結果與發現，以提升筆者對研究的後設批判能力之外，且每次討論會小組組員均針對論文各章節預先閱讀，再於討論時提出對論文的批判與修正意見，希望藉此評量整個研究的成效。

最後，所有資料經研究者整理與校正，進行初步分析詮釋後，研究者根據課程建構歷程中所出現的主題，整理出一份主軸概念，並以研究報告形式編寫成一份題名為：「以對比元素為主軸，建構音樂律動主題探索課程」的論文，希望經由投稿過程，邀請該領域之專家學者協助資料分析之審查，以進行檢核與修正之參考，並減低分析與詮釋之訛誤。

5 課程探究歷程

第一節　歷程分析與討論

壹、思考的開端（2004/02~2004/06）

　　第一階段的前導性研究中（2004/02~2004/06），為了蒐集現場幼教教師對音樂律動教學法的基本認知；園所每週課程中，音樂律動類型課程的時間與進行方式；以及園所中各項音樂律動資源的運用情形。我選擇利用擔任教育大學幼托專班音樂律動課程的機會，與現場老師共同進行交流，同時藉著交流來了解現場教師音樂律動的基本理念與教學困境，並透過訪談、記錄學習以及實驗教學省思的方式，了解老師們對主題探索課程的想法。最後，整理老師們的回應與分享意見，作為正式研究階段主題探索課程設計之參考（圖 5-1、圖 5-2）。

圖 5-1　用樂器體驗對比音色

圖 5-2　用身體探索空間對比

在參與課程後，幼教老師針對各項元素在音樂律動課程之運用上做了以下的回應：

「從這門課當中，最深刻的感受是老師的每一個教學主題，我們都可以實際去演練，親身去體驗，逐漸獲得音樂與律動教育的美感經驗，得到創造思考的訓練機會。例如當音樂之節奏、力度、速度、輕重改變時，動作在時間、空間和力量的表現上，也同樣發生改變。每一個動作因時間因素的改變會有速度、長短等變化，因空間因素的改變會有水平、方向、大小等變化。因力量因素的改變，會有輕重、緊張、漸進的、瞬間的變化等。我真正能感受到音樂的組成要素，無一不具有豐富而細膩的動作形象，學習音樂與律動，除了以音樂為媒介帶動身體的動作以探索身體的資源外，更能透過舞蹈律動表現出自己對聽到的音樂之感受。」（現場幼教教師省思紀錄，2004/04/13，924804）

將教學理論實際運用在現場教學是教師們獲得專業成長與省思的最佳途徑，老師們在實驗教學之後寫下了他們的省思（圖5-3）：

圖5-3　老師們將課程帶回托兒所與孩子互動

「本學期的課程最大的收穫，是經由老師的引導，讓我認識到建構教學理念的專業魅力，也提供教師專業對話及教師自我反省的機會。過去在現場中，大部分教師並不太相信理論能夠轉化成實務，也很少有老師將兩者連結之後在現場使用。從沒有思考過為什麼要這樣教？他們的信念是受到什麼因素影響？課程設計是要達到什麼教學目標？」（現場幼教教師省思紀錄，2004/04/13，924804）

由老師們的回應與省思中我體會到，老師們必須深入理解課程的理念後，才有可能進行課程設計。在協助教師們理解一個理念內涵的同時，其實也是幫助釐清自己是否清楚理念依據，以及對運用該理念背後所持有的價值觀。

貳、初試啼聲（2004/09～2004/10）

從上述與幼教教師互動的歷程中，探索的主題比較明顯地呈現，為了選擇一個可以與幼兒進行前導性研究的主題，我選擇一個參與前導性研究的幼教老師們，認為孩子反應不錯的樂器探索主題中的「鼓」進行探索。此階段的研究我設定在：發展研究問題以及資料蒐集方法、從教學者的角度發現現場教學的問題、嘗試運用建構之研究取向、增強研究者對研究主題之洞察力、獲取探究研究之技巧、發展初步記錄幼兒探索行為的方法。

在將近二個月的時間中，我只選擇了中班八位幼兒進行教學，而以「鼓」這項樂器作為深入探索的活動，因為「鼓」是可以讓幼兒們探索不同操作方式、不同音色、不同節奏的一種樂器（圖5-4）。

圖 5-4 　幼兒在各種鼓上進行聲音的探索活動

在此探究歷程中，著重在教師佈題的運用方法，以及引導幼兒了解鼓的各種屬性，並能做自我的深入探索。由研究中，我發現「自我探索」對幼兒而言，很容易變成隨意玩弄樂器的情景，而失去了深入探索的意義。因此，我認為在引導幼兒自我探索過程中，老師的引導語彙顯得相當地重要。經過這個歷程，更幫助自己意識到必須進一步地蒐集教師引導語彙技巧方面的資料，以彌補自己教學上的不足。

參、共築音樂律動天地（2005/01~2005/10）

為了清楚地呈現研究過程中課程建構歷程之脈絡，在此以音樂中的：序曲、行板、輪旋曲、交響曲作為隱喻分析四階段探索歷程。

一、序曲──與孩子的第一次接觸（2005/01~2005/02）

「序曲」為演奏的開端，引導聽眾走進演奏的情境，像說故事的人在說「從前……從前……」，讓聽眾張開耳朵希望傾聽說故事者的故事敘述，或表演者在演奏「序幕」的曲目表演，本研究則以「序曲」來隱喻研究初期階段與參與研究者一起探索音樂律動的歷程。

針對第一個主題的形成，我用一個可以涵蓋「對比概念」的主題名稱，「大胖子與小胖子」本身之課程設計概念即是根據所謂音樂上的「對比概念」作為設計的主軸。首先以一首本土繞口令兒歌作為開端，藉由說

白、節奏模式及體驗童詩樂趣引發孩子對本主題的興趣。接著引導幼兒針對不同元素持續經驗身體對比、大小聲對比、音高對比以及時間對比等活動，來培養幼兒音樂律動的對比概念。

　　研究初期完全由研究者一人負責所有的教學與研究工作。因著前導性研究時期體驗到一人負責多項工作的困境之後，本階段筆者在帶幼兒進入研究現場前，便先將所有的環境做完善的佈置工作，包括：音樂的預備、樂器的擺放、教具或圖片的張貼以及研究記錄工具的佈置等；在幼兒的準備部分，則指定班上年齡較長的幼兒協助零碎的工作。為了讓當次的教學工作能順利進行，筆者花了相當長的時間來進行準備工作，但是，在教學工作進行過程，仍然會出現一些突發事件，譬如：幼兒發生爭執或奔跑行為影響課程的進行、老師為了佈置樂器導致幼兒分心等，這些正考驗著老師臨場的反應能力。

　　由於初次上路的挫折，為了讓初期的探索活動能獲得更高的互動品質，在研究初期，筆者安排了兩位幼保科學生參與協同教學工作，協同教學初期只要求協同者協助教學前的環境佈置工作，包括：樂器的準備、音樂的播放、教具圖片的張貼或道具的佈置、分組活動的帶領以及協助教學者進行教室管理工作等，讓研究者能比較專心於教學及記錄工作。此外，筆者要求協同教學者在課程結束後，寫下自己對觀察課程內容以及參與課程之想法，以作為研究者檢證課程設計之參考。

✦✦ 二、行板——穩定的呼吸與脈動（2005/03~2005/05）

　　「行板」是指教學與研究工作進入亦步亦趨的平穩腳步，像穩定的節奏脈動，隨著主題的探索，逐步地建立起一個令人覺得舒服的節奏，課程也在一個穩定的節拍上進行著。

　　在研究實施約二個月之後，慢慢地形成一個順暢的教學與研究模式，而自己也開始在此順暢的節奏下，享受著研究的樂趣。這階段的工作節奏大致如下：「計畫課程 → 對幼兒教學 → 錄影 → 轉錄 → 記錄逐字稿 → 研究省思 → 對新手幼教教師教學 → 輔導新手教師寫教學省思與觀察紀錄 → 師生共同省思與討論 → 繼續建構下一個主題課程」。

三、輪旋曲──課程的螺旋循環（2005/06~2005/07）

「輪旋曲」是音樂的一種重要形式，亦是一種人為的重複結構，本研究以輪旋曲隱喻在研究之初期及中期階段，筆者與孩子在一個循環的教學架構下，所進行的音樂與律動學習及探索的歷程。每個主題均循著：暖身 → 佈題或佈局 → 自我探索或合作探索 → 教師引導元素探索 → 高潮活動 → 藝術討論的模式進行。

（一）主題與元素的發展過程

在研究初期階段，首先登場的是「大胖子與小胖子」的主題，主要目標設定在引導幼兒深入探究音樂律動中的對比元素概念。透過空間與時間元素的對比作為課程的主軸，讓幼兒運用個人的身體來感受這項元素的變化，並藉此探索身體動作及速度之控制能力（圖 5-5）。

圖 5-5　探索身體在快慢速度下的控制能力

接著發展的是「布條探索遊戲」的主題，此主題在進行過程中，仍沿著上項元素發展相關活動，唯本主題加入「各種布條」鼓勵幼兒藉著布條去發現新的材料特性和表現方式，以及探索與聯想布條與肢體互動的可能性。在建構空間探索的層次方面，希望幼兒能放大空間的探索區域，由個人空間延展到一般空間，以及身體在一定空間內自由流動的可能性（圖 5-6、圖 5-7）。

圖 5-6　發現布條的特性和表現方式

圖 5-7　探索布條與肢體
互動的可能性

097

　　由於幼兒們在日常生活中有許多玩具探索的經驗，因此，筆者在克難
樂器之主題中繼續延伸出「玩具樂器探索」主題，邀請幼兒共同參與蒐集
家中的玩具樂器作為探索的素材（圖 5-8）。

「在本主題中，樂器的操弄與探索是相當重要的部分，我希望運用該
主題的活動，繼續延伸孩子先前的經驗。首先我提供幼兒在生活環境
中比較容易蒐集到的克難樂器作為探索之素材，過程中發現幼兒對
老師所蒐集的玩具樂器相當感興趣，我認為若能繼續建構有關『玩
具樂器』的主題讓幼兒繼續探索，應該是不錯的策略，因此，玩具
交響曲的主題，在不經意當中被建構了出來。」（教師省思日記，
2005/06/24）

圖 5-8　幼兒正在探索玩具樂器

　　當幼兒有了豐富的克難樂器及玩具樂器的操弄經驗之後，「打擊樂器」是筆者認為非常適合提供幼兒階段孩子探索的樂器素材，而「鼓」是打擊樂器中，容易運用大肌肉敲擊技巧，也是最容易讓幼兒感受「固定拍」的其中一項樂器，因此，筆者首先以「鼓」作為探索音樂律動元素中，固定拍、音色變化、節奏變化及力度變化的活動。此時孩子對鼓的敲打已具備基本的技巧，因此，當老師在教室中佈置了各式各樣的小型打擊樂器時，孩子們很自然地運用既有的經驗，在各種樂器中找到他們自己的創意方法，來操弄出各種聲音（圖 5-9）。

圖 5-9　在鼓上探索固定拍、音色變化、節奏及力度的變化

　　「節奏型」是本主題階段另一項深入探究的音樂概念，原先為了幫助幼兒在節奏上的探索，我運用「節奏口訣」的方法，加強幼兒記憶節奏的能力。在一次運用花型教具進行節奏創作的活動中，發現孩子一直無法打出正確的【ㄉㄚ ㄉㄧㄉㄧ ㄉㄚ ㄉㄚ】之節奏型，為了幫助幼兒克服這項困難，筆者不斷地思考要運用何種方式來強化他們這項能力。此時，在文獻中發現學者建議可以運用樂句探索、律動、歌曲、合奏或音樂遊戲等方式，來幫助幼兒聚焦於一個節奏型概念的做法是可行的方式，這項策略的轉變也就成了本主題深入探索的主要音樂概念（圖 5-10）。

圖 5-10　利用合奏體驗節奏型

✦✦ 四、交響曲——交互的對話與省思（2005/09~2005/10）

　　「交響曲」是音樂中由許多種樂器組合成的演奏型態，演奏期間各種樂器的交互呈現是交響曲的特性。本研究以交響曲隱喻研究階段後期，為了印證本研究所發展的課程在現場的適用性，研究者邀請課程專家、幼保科學生、托兒所幼兒共同檢證課程內容。

　　本階段筆者所採用的主題以「大胖子與小胖子」及「布條探索」為主，期望在經由交互互動與持續對話中，了解課程專家以及幼保科學生對探索學習的想法。以下針對探索學習與教師佈題兩部分提出課程專家與幼保科學生的看法：

（一）探索學習可豐富孩子的認知，喚起學習動機

　　在回應中，多數人同意探索學習是豐富孩子認知能力、喚起幼兒探索動機與慾望的學習方式。

> 「幼兒的好奇心往往使幼兒創造出不同於一般人的創作，使幼兒有了信心便能繼續從事探索。而且幼兒的動作都比較放得開，不會做假，如果培養幼兒探索未知的元素，我相信他們會很認真地去探索。因為幼兒和大人思維不一樣，他們往往會有讓人眼睛為之一亮的創作喔！」（幼保科學生省思紀錄，2005/12/16）

（二）教師的佈題（局）可適時誘發探索興趣

　　探索學習是一種可行的學習方式，但是老師的引導，以及事前環境的佈局，是決定能否誘發學習者探索興趣，以及能否達成探索目標的重要因素。

　　「由這次的探索活動中可發現，一個活動的引起動機與佈局，是需要時間醞釀的，因為若無法讓學習者有足夠時間去把玩素材，其延伸與發現新玩法的空間是有限的。若教師能不急著直接告訴學習者如何玩，讓他們與同伴互動去商量與創新，將更能引發學習氣氛，讓此主題（素材）與學習者能發生更緊密的關係。由環境與提供的素材成為另一個老師去誘發學習者對主題的興趣，進而建構出探索的主題，將能使議題更具開放性與連貫性。」（專家的觀察與建議，2005/11/14）

　　由上述回應中，可以肯定由成人的直接或間接引導，以及由幼兒自發性遊戲中，都有助於幼兒形成音樂概念。但是，教師必須進一步了解孩子不同於大人的思維方式，並允許幼兒擁有足夠的探索時間，方能引發深入地探索。

　　此外，針對本階段所進行的兩個主題，參與研究的學生與研究者的討論與省思如下：

（一）對「大胖子與小胖子」主題的討論與省思

　　本階段所帶入的第一個探索主題為「大胖子與小胖子」，參與研究者在運用對比元素設計探索活動，並與幼兒進行互動之後，表達了對「對比元素」運用在現場上的看法。

　　「我覺得整個引導學習者進入卡門序曲的過程是流暢的，在進入像猴子般的抓癢動作去體會快的節奏速度，快與慢元素的概念建立以融入其中，尤其『癢』是一個很好的身體知覺去與『快』的動作產生有趣的連結，可幫助學習者直覺性的表達出其動作質感。接著，再加入音樂配合教師的語彙引導，開始讓學習者可以自然而然的跟著音樂中的

曲式有了 ABABA 的快慢動作之分，並藉由自己抓癢與兩人互相抓癢的變化來做重複性的趣味變化練習，提升學習者的參與度與社會性互動。最後讓學習者進行分組呈現去根據曲式做 ABABA 的快慢動作設計，作為一個活動高潮的呈現時間是不錯的想法。」（專家的觀察與建議，2005/10/03）

雖然「對比元素」在訓練幼兒對音樂感受力與分辨力有幫助，但是老師在引導與帶領創作的角色是很重要的。因為幼兒要能分辨曲子當中的變化，必須經常地去體驗課程中各種對比的經驗，而教師則必須經常且適度地回溯進行課程結構及層次上的補充與安排，這些都是教師在建構課程方面重要的能力。

（二）對「布條探索遊戲」主題的討論與省思

本階段研究的第二個探索主題為「布條探索遊戲」，參與研究的專家學者與幼保科學生在將各種布條活動帶入現場與幼兒共同進行探索學習之後，對布條所激發的生活經驗，表達了他們的看法：

「此次的活動以長時間的自發性探索為主要目的，老師先隨意擺置各種材質、形狀與大小的布在教室裡，進而播放音樂讓學習者隨著音樂的感覺去自由運用這些素材進行遊戲、裝扮或佈置。在老師尚未明顯引導學習者如何使用時，大部分的人把玩這些布料的方式為扮演遊戲，著重在身體造型的裝飾與打扮，老師後來才介入提醒除了扮演以外，有哪些方式可以運用到不同布的特性，便可明顯發現學習者在探索方式上的變化。例如：有人開始拿雪紡紗在空中揮舞，有人拉扯著彈性布或躺在中間當搖籃，或者把彈性布當成發射的工具，置放彈性球在中間，再用力的拉扯把球彈出去假想成射流星或飛鏢。更有人運用長條的布編織，先徒手編織，最後演變成用整個身體跳躍穿梭來編織。我發現觀看這樣的一個過程是讓人興奮的，從幾塊沒有生命的布，演變成豐富具有想像力的遊戲，賦予不同材質的布發揮出本身的特質與生命力。」（專家的觀察與建議，2005/11/14）

　　由上述的回應中，筆者更加地肯定自己所計畫的這兩個主題，可加以深度探索的可能性。而針對扮演的舊經驗可能限制孩子在操弄布條上的表現方面，從專家的觀察以及個人在進行布條引導活動過程所觀察到的現象也頗為一致。因此，筆者與音樂律動專家繼續針對這個問題也做了一些討論，並尋求更適合的策略來幫助幼兒克服舊經驗的影響。

　　「舊經驗是幼兒學習的墊腳石，如果一個教學活動能以舊經驗作為學習新經驗的基礎，從一個評量的角度上來說，這個學習就是有意義的。而如何引導幼兒在新舊經驗之間做良好的銜接？正是每位老師傷腦筋的地方。以布條這樣素材來說，或許首先要先了解幼兒是否需要更多的舊經驗來發展與探索，若幼兒本身接觸與把玩布條的經驗就不是很足夠，教師希望在短時間內他們就能夠跳脫形式化或模式化（例如：對布的既定印象就是『當衣服穿』，或『裝飾用的窗簾、桌巾』）的框框而去發展新經驗是相當有限的。若他的經驗裡，布是著重在其『功能性』的存在價值，沒有教師適度的引導，是很難避免沉浸或侷限在舊經驗的情形。」（專家的觀察與建議，2005/12/05）

　　針對此現象，我們討論出三個可行的策略：(1)允許更長或重複探索的時間給幼兒，幼兒或許可以藉由更多的互動與觀察中去發現更多新的可能性；(2)可以把素材單純化，此假設是希望幼兒在特定的一段時間內能更專注玩同一東西，探索同一布料的特性（例如：只提供彈性布，或彩帶……）而非分散注意力在琳瑯滿目的布料裡。或許大人的想法是希望幼兒能藉由不同材質的布料去引起幼兒對此素材的興趣，或讓他們有機會去發現與觀察之間的差異性，但也可能幼兒會因此而遊晃在其中而忽略了同一素材本身的特質；(3)透過多重感官的刺激讓幼兒深層的探索一種素材，讓幼兒所呈現出來的想法與欲表達的面向，將與未經過引導時的舊經驗有一段差距。

　　歸納以上課程之行動探究歷程，從前導性研究階段中，體會到一個課程理論的建構，必須由與現場教師之接觸以及試探性教學中，去理解及澄清。在正式研究階段，則以序曲、行板、輪旋曲及交響曲作為隱喻四段課

程的探究歷程。本研究以「序曲」隱喻正式研究初期，研究者由初次上路
的挫折中，如何透過問題的發現與摸索解決問題策略的歷程。以「行板」
隱喻正式研究進行二個月後，隨著主題的明朗化，逐漸邁入一個令研究者
覺得舒服的研究脈動，並開始享受著做此研究的樂趣。以「輪旋曲」隱喻
正式研究中期所進行的主題均依循著課程的螺旋循環模式進行，在此階段
持續探究「對比元素」及「節奏型」兩個重要的主軸音樂概念。最後以
「交響曲」隱喻正式研究後期，為了進一步印證課程在現場的適用性，由
研究者與幼保科學生、學者專家及托兒所教師交互對話與省思的歷程。從
上述行動歷程發現，建構教學的理念有其令人著迷之處，但是在運用過程
中，必須透過教學者不斷地省思以及和他人對話中，釐清更具體的理念意
涵（圖 5-11）。

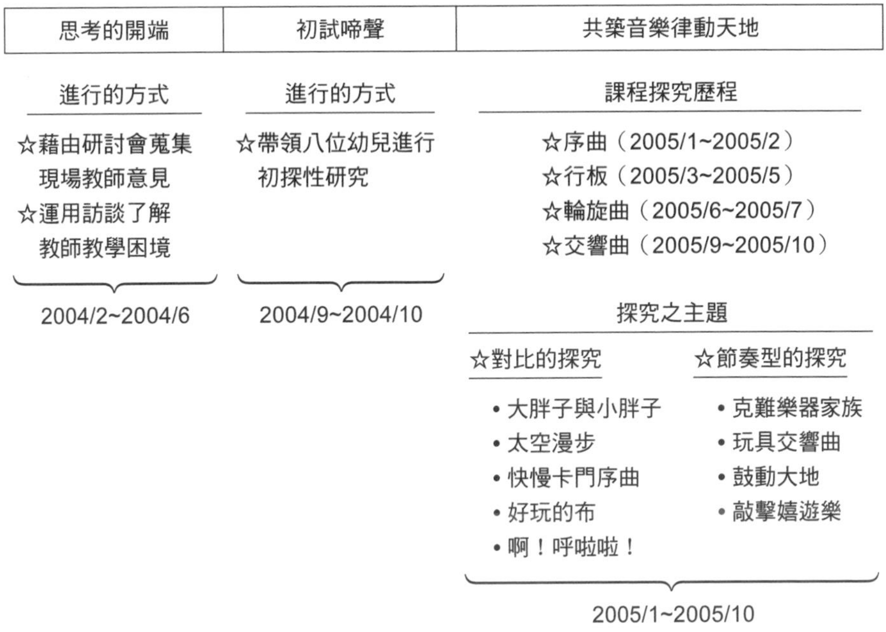

思考的開端	初試啼聲	共築音樂律動天地
進行的方式	進行的方式	課程探究歷程
☆藉由研討會蒐集 　現場教師意見 ☆運用訪談了解 　教師教學困境	☆帶領八位幼兒進行 　初探性研究	☆序曲（2005/1~2005/2） ☆行板（2005/3~2005/5） ☆輪旋曲（2005/6~2005/7） ☆交響曲（2005/9~2005/10）
2004/2~2004/6	2004/9~2004/10	

探究之主題

☆對比的探究	☆節奏型的探究
• 大胖子與小胖子 • 太空漫步 • 快慢卡門序曲 • 好玩的布 • 啊！呼啦啦！	• 克難樂器家族 • 玩具交響曲 • 鼓動大地 • 敲擊嬉遊樂

2005/1~2005/10

圖 5-11　音樂律動課程之探究歷程

第二節 主題探索歷程中師生共同建構音樂律動的學習內涵

在主題探索課程建構中，研究者預先所計畫的的探索流程僅為引導課程進行之依據，但在建構下一階段課程前，則會先回顧先前的課程內容，並思考如何將主軸元素與課程內容往更深入、更高層次方向進行。本研究以「對比元素」及「節奏型」兩個重要的音樂概念進行深入地探究。以下分析、歸納師生在音樂律動課程中，主軸概念的探索學習內涵及探究歷程。

壹、對比元素的探究

在課程建構歷程中，「對比性」是第一個深入探究的音樂概念，許多文獻都提到「對比概念」對幼兒而言是非常重要的一項音樂概念（Dunne-Sousa, 1990; Sims, 1993），幼兒對辨識樂曲的音高、大小聲、高低音、快慢速度等對比性音樂概念具有不錯的能力（McDonald & Simons, 1989），且對比概念比類似的概念更容易讓孩子了解，Sims（1993）則認為成人需要幫助孩子由複雜的經驗中注意特殊概念，而「比較」便是一種幫助孩子釐清概念的方法。因此，本研究發展出各種「比較」的方式幫助幼兒學習此項音樂概念。以下說明以「對比元素」概念所發展出來課程之探索歷程。

✦ 一、大胖子與小胖子

為培養幼兒對比性音樂概念，筆者依據建構的方式來組織音樂教材，並以具體教具強化幼兒透過影像類推學習的能力，以下步驟為教材建構的順序：

發展本土教學特色是 Orff 教學相當強調的重點，本研究選擇本國兒歌「胖子洗盤子」這首非常可愛的繞口令歌謠，希望藉由兒歌說白、節奏模式讓幼兒體驗童詩的樂趣，同時藉此兒歌發展幼兒的大小對比概念。

104

（一）選擇適當曲子。

首先以大胖子與小胖子的歌謠練習曲子的節拍。

大胖子與小胖子

黃麗卿

大 胖 子 洗 小 盤 子　　小 胖 子 洗 大 盤 子　　大胖子打破 小胖

子 的大盤子　　小 胖子撞 破大胖 子的小盤子

（二）以視覺上的具體物讓孩子區分一拍中一個聲音或二個聲音（圖 **5-12**）。

圖 5-12　以花型教具引導一拍及半拍的概念

（三）引導幼兒將聲音、符號及名稱連貫起來（圖 **5-13**）。

圖 5-13　引導具領導能力的幼兒做節拍領導者，其他幼兒看到
領導者所出示的花型會唸正確節拍

（四）利用已知素材和陌生素材，加強幼兒對一拍和半拍的了解與感受
（圖 5-14）。

圖 5-14　結合行進與停頓，除了唸節奏口訣，並在鼓上拍出一拍與半拍

　　在節拍概念建立後，為了讓孩子繼續建構由部分概念到整體概念的知識，我首先讓幼兒以身體去經驗各種空間的對比變化，如：以「大胖子與小胖子」來隱喻胖瘦的身體造型上的對比、以各種動物的走路姿態來隱喻方位或身體水平對比、以太空人緩慢的走路狀態和抓癢的快速動作來隱喻力量和時間的對比概念等。

　　在佈題與討論的歷程中，發現幼兒擁有豐富與動物主題相關的生活經驗。為了擴展幼兒們想像的空間，筆者與協同教學者討論佈題時如何引導幼兒往更寬廣的方向去聯想，譬如人物、環境以及其他角色。由於透過「意象」的導引方式，能夠有效地讓學習者的身體產生自我感受與回應，同時藉由想像內化後外顯的動作經驗，對學習者而言是一種深刻地身體自覺過程（張中煖，2003）。接著，在課程中筆者與幼兒們一起經驗以太空人想像慢速度的動作、以搔癢表現出快速的動作質感；以懶骨頭想像身體柔軟及放鬆的感覺、以機器人揣摩有角度及僵硬的身體質地等。

二、太空漫步

　　為了讓幼兒經驗慢速度以及輕盈的動作質地，筆者採用幼兒們很喜歡的一個人物角色「太空人」作為探索的主題。雖然幼兒喜歡這個角色，但

是在他們的生活經驗中卻缺乏對此角色的了解。尤其在課程進行後發現，幼兒們對於快速的動作做得比較好，但是對於慢速度的動作卻感到力有未逮。為了克服這個困難，除了提供幼兒太空探險的錄影帶去觀賞太空人慢速度移位的動作，以強化視覺的感受外，更參考課程專家的意見，作為身體經驗課程繼續延伸的策略依據。

「我覺得要讓孩子經驗『慢』的動作，必須適度做身體控制力的訓練。因為『慢』的動作中，為了延長伸展肢體的時間，特別需要平衡的控制力來達成（如：抬高腳慢慢地跨出另一步），此外，老師還可以適度地引導透過提氣來協助平衡力的表現。」（專家的觀察與建議，2005/09/26）

這項建議讓幼兒對於慢動作感知力之提升有相當的助益，但是在實際運用時卻發現，幼兒們身體各部位的控制能力相當不足，因此，筆者透過各種暖身的方式，如運用 body freeze 的動作，並結合上下方位的體驗，讓幼兒不斷去探索身體可以用的凍結方式，以提升他們對身體的控制能力（圖 5-15）。

圖 5-15　身體控制能力的訓練

三、快、慢卡門序曲

　　有了慢速度的動作經驗之後，接著思考的是如何結合快與慢的對比經驗，來提升幼兒比較這項時間對比元素的感知能力。首先筆者必須先在樂曲中選擇一首能具備強烈快慢速度對比的音樂，因此，音樂家「Bizet」為歌劇「卡門」所作著名的「鬥牛士進行曲」成了發展快慢對比活動的首選音樂。由於整首曲子從前段明朗輕快，發展至後段的陰沉緩慢，這種強烈對比的音樂效果顯得十分突出。

　　至於探索的流程方面，在輕快與緩慢的對比循環音樂中，筆者要求孩子在輕快樂曲段做出身體各部位的搔癢動作，首先由老師先給幼兒動作指令，接著將指令權還給幼兒，以訓練幼兒思考「下指令」的瞬間反應。在緩慢樂曲段則讓幼兒探索角色動作，並為他們所創作的動作命名，孩子們的創作有：玩具兵、牛魔王、大象……等（圖5-16）。

圖5-16　牛魔王是幼兒為自己的創作所做的命名

　　在活動過程中，筆者特別提醒幼兒身體部位的變化以及空間方位上的改變，尤其在不同曲式變化時，隨時提醒幼兒音樂的轉換，及注意聆聽音樂的習慣。園長在觀察了幼兒的活動後，提出了他的看法：

　　「我覺得小朋友聽音樂的習慣尚未養成，因此常須靠老師來提醒。有
　　部分孩子在創作中常會去模仿別人的動作，我覺得應該多鼓勵他們自

已去想像，創作屬於自己的動作。尤其一些容易分心的小朋友，希望老師能多提醒他們回到現狀中。」

　　經由園長的提醒後，筆者思考到在活動過程中，是否需要不斷地提醒孩子音樂的轉變？是否應該改變老師經常以語彙引導的做法，也許上述的做法反而讓幼兒失去了自己去探索音樂改變的動機和能力？經由這些思考，筆者覺得應該在活動前，讓幼兒先靜下心來專注地聆聽音樂之後，再引導孩子做動作上的回應。

　　除了在時間速度上的對比體驗外，為了建構更高層次的元素概念，筆者在活動引導上繼續結合空間中「地板軌跡」的元素，譬如在 B 段緩慢樂曲部分引導孩子走出鋸齒型軌跡（圖 5-17）。過程中發現幼兒們對 S 形軌跡的動作能力表現較佳，但是對於鋸齒型軌跡則表現不盡如理想，幼兒對有角度的空間軌跡較不易掌握行走的動作，因為走鋸齒時須有一段轉彎後再走的過程，此過程所牽涉到的身體平衡感更多，因此對五歲幼兒而言有些困難。

圖 5-17　幼兒模仿太空人走出鋸齒型軌跡

為了提升幼兒對於鋸齒型軌跡的動作能力，筆者與協同教學者商量出一個不錯的方法，譬如：加上口訣的方式，在走到有角度時提醒幼兒轉彎，如：走走走、轉，走走走，轉……。不論是節奏口訣或動作口訣，在教學時，老師可視幼兒的表現適時地加以運用，不但可提醒孩子在動作時的反應，還可強化幼兒的正確節奏能力。

✦✦ 四、好玩的布

辨識不同的音樂速度與力度，是幼兒從事邏輯數理思考的重要指標（郭淑菁，2005）。在音樂律動課程中，經常以漸進或突然改變的音量，或漸漸變大變小以及突然變大變小的肢體造型創作，都是一種在對比元素下有系統地讓幼兒辨識音樂特性與認識世界的重要方式。

下面列舉具對比性的聲音或動作表達說明幼兒的探索：

平日觀察幼兒的動作表現時，發現幼兒喜歡速度感很快的活動，因此，當幼兒在操弄布條或玩氣球傘時，常常出現速度變化很快的動作，如：幼兒在用氣球傘和塑膠球玩炒豆子的遊戲時，若讓幼兒自由地運用手腕和手臂力量控制氣球傘，幼兒們會以很快的速度並以大波浪狀舞動氣球傘，由於傘內的小球會快速地跳動，正好滿足了幼兒對速度感的喜好。基於培養幼兒對力量控制的能力，以體驗對比性力量的操弄方法，我的做法是利用輕氣球來取代塑膠球，由此幼兒必須放慢速度讓輕氣球緩緩地向上飄（圖 5-18）。

圖 5-18　幼兒操弄氣球傘與輕氣球的互動

「為了讓孩子能夠更小心、更仔細地探索手臂與手腕力量的運用，思考到需要讓孩子盡可能地讓操弄的速度慢下來。我發現運用【輕氣球】來取代【塑膠球】的做法是不錯的，由於輕氣球比塑膠球質量輕，孩子必須把速度放慢，並盡量探索氣球傘在空間中的高低對比性，而讓輕氣球往上飄起來。但是，這項動作對孩子來說比較困難，因為孩子對手腕和手臂力量的控制能力較弱。不過我相信經由多次的練習後，將能加強孩子對手部力量的控制能力，尤其對將來操弄其他素材會有很大的幫助。」（教學省思日誌，2005/05/07）

因此，教師若能運用適當素材作為媒介，可以訓練幼兒良好的身體控制能力，有助於幼兒在不同差異與漸進變化中進行活動或創作。

在與幼兒進行布條探索主題時，發現舞動彩帶所呈現之線條情感和「節奏」是非常有關係的，節奏的高低、長短、強弱、快慢，正和內心情緒起伏情形是一樣的。節奏表現在聲音就變成了歌唱，表現在樂器上就變成音樂旋律，表現在身體就是一支舞蹈，表現在平面就是一幅幅動人的繪畫（張金蓮，2002：31）。質輕、會飄動的素材，可以使幼兒在移動時，隨著幼兒的移動興趣做出不同的飄動感，由緞帶律動中，幼兒會變得非常了解緞帶移動的形式和路徑變化。因此，在「布條探索主題」中，以緞帶作為引導幼兒探索線條變化，以及在不同音樂速度對比之下，了解幼兒如何利用緞帶舞動出不同軌跡和速度變化成了筆者為幼兒準備的重要素材。由於緞帶律動是一種建立上、下、周圍、前和後空間概念的一項理想的活動，因此，筆者在進行佈題時，一邊提問，一邊讓幼兒利用緞帶做出各種線條的變化，接著，留下一段時間讓幼兒自由探索緞帶在空間中的舞動軌跡（圖 5-19、圖 5-20）。

111

圖 5-19　我在做暴風雨　　　　　　圖 5-20　我在做小雨滴

　　為了進一步讓幼兒用緞帶體會並辨識樂曲的音高、大小聲、高低音、快慢速度等對比性概念，筆者在古典音樂中選取了古諾歌劇「浮士德」中第五幕芭蕾場景中的圓舞曲（Valse）讓幼兒們一邊聆聽音樂，一邊用緞帶做出剛剛所探索過的各種動作變化。筆者採用這首音樂的理由是，它屬於一種舞蹈音樂，節奏為簡單的三拍子形式，曲子的結構為適應跳舞的需要因而相當簡單。樂曲中作曲者融入相當豐富的情感，幼兒可以藉由音樂的表情變化，讓線條的舞動更特殊、更能幫助孩子探索音樂中的對比性變化。

　　為了解探索歷程中，教師對素材運用是否得當？以及幼兒是否透過教師的佈題與提問而獲得成長，筆者訪談了現場園長在觀摩該堂課程後的想法：

> 「我很喜歡你在緞帶舞中所準備的緞帶，在兩種不同形式的緞帶中，我比較喜歡緞帶手環這項道具，因為我覺得它們能創造出很多花樣，而且它比棒子緞帶使用起來較安全，因為以前我曾經使用棒子來教學，發現小朋友喜歡用棒子去揮動，這樣很容易傷到其他孩子。」（訪葛，2005/03/24）

「在教學上面你運用了很好的創造力引發策略來刺激孩子去想像，我覺得你的教學很能激發小朋友的創造力，你不去限制小朋友在一個特定框框內去思考，你給了小朋友一個很大的想像空間。我以前只會讓小朋友用緞帶隨意飛舞，但看了小朋友的表現後，才發現原來緞帶可以做出那麼多變化，尤其小朋友在畫大雨和小雨的圖形好美喔。老師在過程中不斷拋問題來問小朋友的方式，我發現小朋友的創造力隨著老師的問題不斷被引發出來。」（訪葛，2005/03/24）

在藝術學習過程中，情感的表達是不可或缺的，而選擇中具有豐富情感的素材來讓孩子探索，是讓學習者在較高層次下表現自我建構學習方式。但是，在這項活動當中，幼兒所表現出來配合音樂做動作的表現並不如預期，筆者的解釋可能是孩子平日較缺乏專心聆賞音樂的習慣，而未能敏感於音樂中所表現出來的音樂風格所致，因此，筆者覺得加強幼兒音樂欣賞的能力便成為另一個主題要達成的目標。

✦ 五、啊！呼啦啦！

最後，為了解幼兒在經由老師所引導的一連串探索活動後，其對比性概念的表現，筆者與協同教學者共同設計了一個「以戲劇型態來統整主題探索學習」的高潮活動，藉以評量幼兒「對比」概念的學習情形。以下描述活動之歷程：

首先筆者和協同教學者討論運用音樂律動之「對比」元素來做一項課程的應用，因為不論空間、時間和力量等對比元素，都是過去這段時間與幼兒們一起探索過的經驗。接著，筆者和協同教學者一起尋找出適當的故事繪本作為本高潮活動的主要故事架構，再融入本主題所做過的音樂律動探索活動。經由討論後，我們決定根據《綠豆村的綠豆》這本與對比主題相關的繪本作為創作的依據，接著發展出一段故事劇本。

故事內容主要在闡述森林中兩個村莊的居民，其聲音及動作的特質，呈現強烈的對比性，如：「呼啦村」的居民說話速度很快、音色高昂、動作的速度也很快；但是「啦呼村」的居民則正好相反，他們的說話速度較慢、音色低沉、動作也比較緩慢。在這個劇本中，我們嘗試運用了聲音的

對比性、空間水平的高低對比以及速度和力度對比來呈現故事內容，亦即將「對比元素」放在課程中作為設計的主軸。

　　下面以圖片說明本高潮活動籌備過程，筆者與協同教學者以及全園孩子所做的一段探索歷程（圖 5-21～圖 5-25）：

圖 5-21　　對幼兒們解說「呼啦村」的故事

圖 5-22　　參與研究的幼兒為全園孩子示範懶骨頭的動作

圖 5-23　研究園教師帶領全園幼兒一起探索懶骨頭的動作

圖 5-24　學生與帶班老師和幼兒們一起討論如何打跑對方

圖 5-25　　活動前為幼兒上妝與裝扮服飾配件

為了深入了解學習的成效，筆者透過訪談帶班老師以作為未來教學策略改變的依據。

「我覺得『啊！呼啦啦！』活動很有創意，且具戲劇性，學生也常利用課餘時間到園所來帶領孩子們做探索，探索過程中孩子玩得很開心。我覺得利用『對比性』概念來設計活動很不錯！」（訪林，2005/06/03）

「我覺得有些動作在引導上比較困難，建議多利用韻律教室裡的鏡子，讓小朋友仔細地看到自己的動作表現，然後再引導他們做可能會比較好。」（訪藍，2005/06/03）

在整個活動的歷程中，除了動作的引導能力比較不足外，筆者更發覺藝術語彙的引導能力也比較弱，無法讓幼兒透過藝術語彙來強化對動作的了解。此外，幼兒在舞台上的空間運用較不理想，為了協助拓展空間運用的能力，我利用呼拉圈佈置出一個幼兒可以運用身體移動的路徑，讓幼兒透過實際物品來了解空間概念。而所長所提供的「mirror」（鏡映）的概念，也是在引導動作探索中，可以嘗試的行動策略。也因為所長的提醒，在爾後的課程中，當動作必須被充分探索時，自然地會想到運用教室中的

鏡子來增進幼兒去觀察自己動作的機會。

貳、節奏型的探究

「節奏型」是本研究第二個持續探究的音樂概念。在孩子的身體裡面有一種自然的脈動，這便是「節奏」，節奏概念的建立對中班幼兒而言是很重要的，因為節奏主導著整個音樂風格走向及旋律發展，孩子在經驗和表達音樂時，節奏是最重要的一項元素。因此，在「人聲與樂器探索」主題中，加強幼兒的節奏訓練以及對規律拍子的掌握是筆者為孩子設定的首要目標，而依幼兒發展觀點，在建立節奏型概念前必須先穩定幼兒的規律性節拍能力。

根據建構論的觀點，認為概念的獲得係由主觀體驗出發，輔以客觀之鷹架架構，而形成高層次之認知歷程，亦即從「模仿」到「創造」的學習，須有良好的引導與刺激（吳舜文，2002）。根據 Dalcroze 的螺旋式教學主張由：「模仿→ 即興→ 創作」，而老師的鷹架則在仔細地觀察幼兒的節奏反應，在孩子的能力範圍下，漸進地給予較複雜的節奏模式，或適時地加入兩種以上的身體部位來打節奏，以提高節奏學習的難度。至於「拍子」的部分，依 Kodály 的主張應由「四分音符→ 八分音符→ 十六分音符」。至於「即興」的部分乃緊隨著「模仿」而發展出來，從設定小範圍的即興開始，待幼兒慢慢熟悉之後，再逐漸擴張寬廣度，如此循序漸進的在幼兒的腦海裡建構出屬於自己的音樂藍圖。

以節奏訓練為例，我首先在暖身活動中將節奏訓練帶進來，除了可以達到肢體暖身的目的外，且可建立其節奏觀念。我運用「同步模仿」方式，亦即我做什麼節奏，幼兒立即跟著我做；接著則用「記憶模仿」，我先做一組節奏，讓孩子先注意看，等老師做完後再讓他們跟著做。在不同階段我運用不同的樂器，譬如：先用拍手，再用其他身體部位，接著在不同樂器上也做同樣的嘗試，如在克難樂器、手鼓或棒棒糖鼓上也做同樣的節奏訓練；在拍子或節奏的變化上，則以漸進方式由易到難；接著加進對比元素，在對比元素的運用上則視幼兒的

進度,在節奏練習過程中隨時加進力度、音量、速度的對比變化。為了朝高層次節奏能力方向發展,我讓孩子自己建構屬於自己的節奏,亦即指定能力較佳的幼兒做節奏領導者,以即興方式創作二拍子的節奏讓其他幼兒做模仿。對中班的孩子而言,他們只能運用一個身體部位來創作,無法同時做出兩個身體部位的節奏,這個現象可能和幼兒一次只能專注於一件事情的特質有關(教學省思日誌,2005/06/27)。

掌握規律性節拍及節拍協調性,是我們在幼兒園團體時間,以及進行音樂律動活動時常運用的節奏概念,這些能力也是發展良好協調性韻律動作重要的基礎元素。為了發展幼兒的身體協調性,在暖身活動中,筆者讓孩子做拍手、拍膝兩個身體部位的頑固節奏(ostinato)訓練。首先只運用拍手方式來做四拍的節奏,對中班的孩子而言,大部分孩子均能準確地跟隨老師做節奏,但是當筆者開始結合兩個身體部位來做節奏變化之後,則孩子的節奏表現有困難。此項發現符合 Waite-Stupiansky(1997)的說法,這種現象是因為幼兒在身體不同的兩個部位同時動作時,特別需要協調性的能力,而協調性律動有賴個體的成熟與經驗。因此,對中班幼兒來說,多給予不同部位的協調性節奏訓練,有助於其節奏經驗之累積(圖5-26)。

圖 5-26　協同教學者帶領幼兒做協調性韻律

　　對建構教學而言，給予不同部位的協調性節奏訓練列入將來繼續建構的目標是有必要的。協助檢證的專家學者在觀察教學後表示，讓幼兒有足夠的經驗去感受節拍概念，有助於身體的協調性。

「我認為逐次的加入新的元素於已建立的概念上，是一個滿舒服的課程節奏。 但我曾思考過，這樣的層次安排對於初學的幼兒應該要經過更多一點的醞釀，或中間步驟去建構，例如節拍概念、空間軌跡。若幼兒缺乏足夠的經驗去感受節奏概念，老師可能要在未有音樂前，先用拍手做節奏練習。再進而用腳去踏出節奏，或許會較有概念些。而空間軌跡方面，若能利用圖示法先讓孩子有視覺上的認知去釐清直線、S 形與鋸齒形的空間差異，並試著讓他們用自己的身體將這些軌跡描繪出來，例如除了用手在空中畫出來，還可以鼓勵孩子用身體不同的部位去呈現，『可不可以用頭、臀部或腳在空中將這些空間軌跡畫出來？』一來加強孩子對此軌跡的認識，也讓身體部位的領悟有更深刻的經驗學習。」（專家的觀察與建議，2005/09/19）

　　由專家意見中，筆者理解到在進行課程設計時，應不斷地思考到未來如何將節奏與身體的協調性訓練結合，並適時地增加視覺輔助教具以強化孩子的學習效果。譬如運用「花型教具」、「空間軌跡圖示板」、「煙火想像圖形板」或「藝術家畫作」等。以下圖片即為研究歷程中所展示的視覺輔助教具（圖 5-27～圖 5-30）：

119

圖 5-27　空間軌跡圖

圖 5-28　花型教具

圖 5-29　煙火想像圖形板

圖 5-30　Matisse 畫作中線條與圖形的表現及 Joan Miró 畫作中的線條表現

　　當幼兒有了穩定的規律性節拍能力之後，接著探索「節奏型」概念。
Alvarez（1993）提到孩子的思考是自我中心的，他們的學習是根源於行
動以及高層的想像，老師可以透過策略的運用來引發幼兒的音樂概念，譬
如：運用樂句探索、律動、歌曲、合奏或音樂遊戲等方式，便是為了幫助
幼兒聚焦於一個節奏型的概念。

　　以下透過實例說明節奏型【ㄊㄚ ㄊㄧ ㄊㄧ ㄊㄚ ㄊㄚ】的建構歷程：

　　在一次與幼兒進行鼓的樂器探索以及節奏創作時，發現一位年紀較大
的中班幼兒所創作的節奏型，是出自於他對兒歌「蝴蝶」的印象。

　　教師：「我們結束剛剛玩鼓的遊戲，現在老師希望給大家一枝鼓棒，
　　　　　　除了想想鼓棒可以在鼓的各個部位敲出聲音外，還要再加上一
　　　　　　種節奏喔！大家要一起跟著打他的節奏。」

120

關宇：「ㄊㄊㄊ。」
ㄚㄧㄧ

若妡：「用蝴蝶曲子的節奏可以嗎？」

老師：「你可以敲敲看。」

若妡：「ㄊㄊㄊㄊㄊ。」（一邊唱蝴蝶，蝴蝶）
ㄚㄧㄧㄚㄚ

老師：「現在請大家跟著若妡做做看。」

老師：「大家好像敲得不太一樣，現在請大家跟著老師唸【ㄊㄊㄊㄊㄊ】。」
ㄚㄧㄧㄚㄚ

　　在此次活動中，因若妡的想法引發了老師對節奏型【ㄊㄊㄊㄊㄊ】的注
　　　　　　　　　　　　　　　　　　　　　　　　　ㄚㄧㄧㄚㄚ
意與興趣，為了強化並藉之建構幼兒對節奏型【ㄊㄊㄊㄊㄊ】的概念，我在
　　　　　　　　　　　　　　　　　　ㄚㄧㄧㄚㄚ
「人聲與樂器探索」主題中，運用了各種方式，並依由淺入深原則以強化
孩子對此節奏型的印象。下面描述課程建構的歷程：

1 運用「節奏模仿」的方式，在節
　奏練習中認識節奏型【ㄊㄊㄊㄊㄊ】
　　　　　　　　　　　ㄚㄧㄧㄚㄚ
　（圖 5-31）。

圖 5-31　節奏模仿

2 在暖身活動「用身體打招呼」的活
　動中，讓幼兒再次體驗節奏型【ㄊ
　　　　　　　　　　　　　　　ㄚ
　ㄊㄊㄊㄊ】（圖 5-32）。
　ㄧㄧㄚㄚ

圖 5-32　用身體打招呼

121

3 給予具體物「花型教具」，以加強視覺與節奏型【ㄊㄊㄊㄊ】之連結（圖 5-33）。

圖 5-33 節奏口訣 ㄊㄊㄊ

4 利用身體節奏「拍手、拍膝、踏腳、彈指」來體驗節奏型【ㄊㄧㄊㄊㄊ】（圖 5-34）。

圖 5-34 肢體的節奏練習

5 運用雙人合作身體節奏之互動來體驗節奏型【ㄊㄊㄊㄊㄊ】（圖 5-35）。

圖 3-35 雙人合作身體節奏

6 在手鼓或不同鼓類樂器上體驗節奏型【ㄊㄧㄧㄊㄊ】（圖 5-36、圖 5-37）。

圖 5-36　手鼓節奏

圖 5-37　非洲鼓節奏

[7] 利用手鼓節奏結合身體打招呼活動，加強幼兒在不同曲式上體驗節奏型【ㄊ ㄊ ㄊ ㄊ ㄊ / ㄚ ㄜ ㄜ ㄚ ㄚ】（圖 5-38）。

圖 5-38　手鼓節奏結合身體打招呼

123

[8] 將幼兒分成兩組，一組打固定拍、一組打節奏型【ㄊ ㄊ ㄊ ㄊ ㄊ / ㄚ ㄜ ㄜ ㄚ ㄚ】，讓幼兒在音樂背景下體驗該節奏型（圖 5-39、圖 5-40）。

圖 5-39　打固定拍節奏

圖 5-40　打節奏型

9 在遊戲中融入節奏型【ㄊㄊㄊㄊㄊ】及對比元素之練習。

　　「獵人與小鳥」的遊戲,是一個結合「節奏型」與聲音及肢體「對比元素」的具高層次思考的規則性遊戲課程。剛開始時擔任獵人者必須以一個節奏型來引導其他小朋友拍同樣的節奏,外圈的小朋友則模仿獵人的節奏。當獵人用手指到某一位孩子時,被獵到的孩子則為母鳥必須反應出一個高音並做出一個高位置的動作,而站在母鳥兩旁的孩子則變成被母鳥打到的小鳥,必須同時反應一個低音並做出一個低位置的動作。當幼兒們非常熟悉該節奏型時,可準備獵槍作為遊戲道具,讓遊戲更具真實性及趣味性(圖5-41)。

圖 5-41　「獵人與小鳥」節奏遊戲

　　此項活動對訓練幼兒的聲音與動作的反應能力相當有幫助,擔任獵人者則可藉此活動培養設計節奏型能力,其他人則可培養上述的反應能力。

10 在團體合奏中展現節奏型【ㄊㄊㄊㄊㄊㄊ】(圖5-42)。

圖 5-42　**團體合奏節奏型**

11 在團體合奏並結合律動中，強化對節奏型【ㄊㄚㄊㄚㄧ ㄚ ㄚ】的理解（圖5-43）。

圖 5-43　團體合奏與律動結合

　　綜合以上研究發現，運用建構理念於主題探索課程之行動歷程中，師生所共同建構音樂律動的學習內涵，包括：持續探究對比元素及節奏型等兩項重要的音樂概念。研究結果發現，幼兒可以透過連續性的活動，學習區辨音樂的對比性，因而對三至六歲的幼兒而言，給予音樂律動中力度、音量或速度等要素，以培養幼兒對音樂對比性的概念是可行的。在節奏型方面，針對幼兒的教學，老師須先建立其穩定的節拍概念，接著再進入節奏型的練習。

第三節　教師角色、理念以及教學策略引導下，幼兒音樂律動探索行為的表現

　　運用建構理念於幼兒音樂律動教學時，教師個人的角色定位及教學理念是異於傳統教學方式，不論是課程設計、教室情境安排、引導方式或學習評量上，教師的教學觀，皆會影響各層面的課程決定（李雅婷，2003），持建構論取向的老師，自身的省思是不可或缺的一環。研究歷程中，筆者整理一份自省項目表（表5-1），提供每次與幼兒共同建構學習之後省思之參考：

＊表 5-1 教師教學自省表

自省項目	有	無
預備一個讓幼兒主動參與與探索的學習環境		
不勉強幼兒參與活動，幼兒在觀察便是一種參與		
觀察幼兒的整體參與性，決定何時需轉換活動		
降低教師的主導性，以提升幼兒的想像力		
分享幼兒們的好奇，對幼兒的表現深具興趣		
當幼兒有與眾不同的創造和想像時應適時鼓勵		
讓教室充滿愉悅氣氛，並多給予正向語言的回饋		
隨時視幼兒的能力提供不同速度和節奏感的音樂		
身體與聲音的表現應完全投入，以建立正向典範		
信任幼兒的能力，多聚焦於幼兒能做的事		
尊重幼兒的個別差異性以及發展速率的差異性		
重視幼兒所表達的價值性		

資料來源：研究者修正自 Boyd, Chalk, & Law (2003). *Kids on the move*. Texas: Creative Publishing.

壹、建構教學中教師的角色

在師生互動探索歷程中，老師的角色是很重要的，他必須要做到觀察、引導、參與和省思等工作。教師還必須是一個「催化劑」角色，在關鍵的時刻提出一些思考性問題，引導幼兒將思考方向導向解決問題的關鍵上，以及何時該介入？何時不該介入？都是取決於老師的細心觀察與瞬間做決定的能力。上述這些問題都與一位教師能否適當的擔任鷹架幼兒學習的角色有關。

「鷹架」是知識形成歷程中，教學者與學習者之間重要的互動媒介，亦是引發幼兒最佳發展區的實際做法。本研究根據 Vygotsky「鷹架概念」的說法，說明教師與幼兒在主題探索歷程中，如何相互牽引與發展，以及教師如何因應幼兒的表現與疑問適時提供適當的引導語彙、佈置環境及探索性素材以及促發同儕之間的討論，而共同達成並建構音樂律動的學習內涵。

　　以下由環境與材料鷹架、語言鷹架及同儕鷹架三方面，分析研究歷程中教師如何運用鷹架概念與幼兒進行溝通，以引發幼兒創造力、高層次思考能力以及解決問題能力的發展。

✦✦ 一、環境與材料鷹架

　　Berk 和 Winsler（1995）在一項運用 Vygotsky 鷹架理論與學習關係的研究中提到：「成人應多支持幼兒的自發性，並藉著提供幼兒豐富情境與敏感的協助，以促進孩子的象徵與策略思考，並視孩子能力增加時，適時地提供多樣化素材，讓他負起更多自我學習的責任。」因此，在「布條探索」的主題活動中，筆者讓幼兒在操弄各式各樣的布料如：緞帶、毛巾布、雪紡紗、大型海浪布、彩虹布、彈性口袋布等各式各樣的布料中，去感覺各種材質布料的質地，並運用激發策略刺激幼兒思考之內在知覺反應；　在「樂器」探索的主題中，筆者則為幼兒蒐集了各式各樣的玩具樂器、克難樂器、Orff 樂器、非洲樂器等，並事先在教室內做好佈局，提供具體且豐富的探索情境，鼓勵幼兒在帶著布條移動中能找出各種不同形式的布條操弄方式，以及玩樂器時能找到各種樂器的演奏或敲擊的方法。

　　Althouse、Johnson 和 Mitchell（2003）建議：當幼兒能夠自由地在教室學習區域裡移動時，這個環境就能鼓勵他們將想法從一個區域帶到另一個區域，這樣的安排讓幼兒能夠經歷到把想法表現出來的成就感。

　　筆者在「布條」主題探索遊戲中，首先為幼兒營造了一個充滿趣味且值得進一步探索的環境，活動中筆者看到兩位幼兒用一塊十呎長的雪紡紗在身上包裹、捲曲，有時在地板上滾動、有時會偕同其他的小朋友一起玩（圖 5-44、圖 5-45）。

圖 5-44　我們是隱形人

圖 5-45　我們在釣魚

筆者發現幼兒在布條活動中所表現的探索行為中,包括:將布條捲曲、扭轉、在身上包裹、拉上拉下、搖晃等。另外,筆者還注意到孩子們為作品所做的命名內容中,大多偏向具體、與生活中事物相關,或者跟心中願望相關者。因此,由幼兒的創作中,很能夠反映出個人思考內容或生活經驗(圖 5-46 ~ 圖 5-48)(相片檔案分析,2005/03/17)。

圖 5-46　我在洗衣服

圖 5-47　我是一個小可愛

圖 5-48　我們在捕魚

在引導幼兒與布條進行探索活動的過程中，筆者發現幼兒非常容易受過去運用布來進行扮演遊戲舊經驗的影響，卻忽略用布做各種操弄之探索行為表現。因此，筆者不斷思考如何將幼兒保持在最近發展區中，這可以從兩個方式達成，即：(1)建構孩子的活動和周圍環境，如此在任何時候對幼兒的要求，都會是在合理挑戰的程度內，以及(2)針對幼兒目前的需要與能力，不斷調整成人介入的程度（引自谷瑞勉譯，1999：51）。

筆者的做法是，藉著提供幼兒可能的選擇，作為建構幼兒活動之方法，同時也設立規則，在規則內讓幼兒去運作。譬如：布條探索活動中，筆者盡量保持「沉默」，靜觀幼兒的表現與探索的創意，在觀察一段時間後，筆者再視幼兒實際的表現與需要，運用「明確」的方法，給予規則或創造性策略之引導，讓幼兒的操弄探索行為能具更多的創意。

✦✦ 二、語言鷹架

在音樂律動課程中的「語言鷹架」概念指的是，運用適當語彙、運用動作指令、運用節奏口訣或肢體語言對話，老師視幼兒實際的理解與領悟隨時調整語言指導的難度。李宗芹（2002：185）則建議在從事教學時，為了引發幼兒們的想像力，可以利用和動作質地配合的字、富有聯想創造力的字、字彙本身具有行動感的字，來促進幼兒在創作過程中的豐富變化，另外，善用聲音的製造或聲音節奏以及樂器伴奏，也能促進幼兒在音樂律動上的創作表現。以下敘述為本研究三種語言鷹架的運用形式：

（一）運用適當的語彙

「適當語彙的運用」在自由探索或教師引導探索過程中是非常重要的，舉例而言，在自由探索活動中，為避免幼兒出現奔跑或隨意自由舞動，而失去了目標或元素焦點的情形。此時，引導者有必要視需要運用適當的語彙來引導幼兒深入地對身體或對媒材進行探索。

以對比性元素之語彙引導為例：在利用布條探索活動中，當幼兒在利用雪紡紗舞動身體時，筆者提醒孩子注意此種布料的質感，例如：如何讓布很輕、很美地飄起來，手的力量要輕才能做出輕飄飄的感覺（圖5-49）。接著利用氣球傘的張力讓孩子很清楚地感覺力量的對比，此時，我

加入了具有想像力的語彙，如：想像氣球傘被大風吹起來，請你做出暴風雨的感覺等，以增進幼兒想像的空間。因為想像力語彙可幫助幼兒探索更多律動要素，並鼓勵幼兒更自由、更大膽地表達動作。

圖 5-49　幼兒在戶外利用雪紡紗的探索活動

（二）運用動作指令

「運用動作指令」的一個很重要的原則是「簡短」，由於幼兒的注意力很短，因此活動本身的內容和說明愈簡短愈好。幼兒們喜歡有簡短說明的活動，他們對於熟悉和具重複性的事物感到興趣，也對尋找肢體訊息感到好奇，幼兒期的孩子至少能夠指出六個身體部位。在「大胖子與小胖子」的主題中，筆者運用非常簡短的動作指令引導幼兒進行身體的探索，其內容如下：

- 像大胖子一樣輕微的擺動身體
- 想像自己漫步在泥土裡很難行進的樣子
- 想像自己是一個太空人在太空漫步
- 想像自己是一隻烏龜或蝸牛緩慢地蠕動
- 像小胖子一樣輕快的奔跑
- 想像自己是一隻走路彎彎曲曲的毛毛蟲

（三）運用節奏口訣

「運用節奏口訣」也是利用語言鷹架學習的一種方式，「節奏口訣」是 Kodály 音樂教學法中一項引導節奏學習的重要形式。在氣球傘探索的主題

中，我利用「語言說白節奏」——【獅子來了！吼！吼！】，來練習節奏，下面是筆者和協同教學者共同與幼兒一起進行的課程中，老師所運用的語言鷹架內容：

老　　師：今天我們要邀請王老師跟大家講一個和獅子有關的故事，故事中會有很多的聲音，然後我們會用樂器一起來玩這個故事。

協同者：有一天，小白兔來到森林裡找食物，這時候，剛好有一隻獅子也出來找尋食物，牠聞到好香好香的味道，原來是小白兔的味道。小白兔看到獅子王便趕緊地跑到牠的彩色屋裡面躲起來。過了一會兒，獅子生氣了，小白兔探了探頭，看到獅子還在外面，嚇得牠趕緊再躲進彩色屋，就再不敢出來了。（協同教學者自編故事內容）

協同者：接下來，我們聽看看音樂裡面好像在講這個故事（老師播放獅王進行曲），你們聽聽看，覺得音樂裡面有些什麼？

孩　　子：有老虎，有獅子。

老　　師：現在跟著老師唸【獅子來了！吼！吼！】，並且跟我一起拍節奏。

協同者：音樂中出現【吼！吼！】的聲音時，手可以在旁邊畫圈子，唸獅子來了的時候響棒要敲一下，獅子吼得很大聲的時候鈴鼓要敲，獅子走路時則敲一下鼓。

老　　師：現在我們請三位小朋友來敲樂器，其他小朋友則玩氣球傘。

老　　師：注意，【獅子吼聲】時大家用氣球傘做出一個大蘋果的樣子，接著腳壓住氣球傘所做出的大蘋果，手一邊拍節奏型【ㄊㄚㄊㄧㄊㄚㄊㄚㄊㄚ】一邊唸節奏口訣【ㄊㄚㄊㄧㄊㄚㄊㄚㄊㄚ】。」（圖5-50～圖5-53）。（觀察逐字稿，2005/05/05）

圖 5-50　以鈴鼓畫大圓做出獅子怒吼
　　　　　的叫聲

圖 5-51　以響棒敲出「獅子來了！吼！
　　　　　吼！」的語言說白

圖 5-52　獅王行進時，幼兒拉著氣球傘
　　　　　走出圓形軌跡

圖 5-53　獅子吼聲時，氣球傘做出大蘋
　　　　　果的造型

　　「節奏口訣」在節奏教學時是一項很重要的技巧，筆者的引導語言主要是將不容易理解的抽象節奏譜，用比較容易懂的語言節奏讓幼兒能很快地把握住正確的節奏。

✦✦ 三、同儕鷹架

　　所謂「同儕鷹架作用」的定義，是指讓幼兒模仿高創造力兒童的動作、節奏，並鼓舞其他幼兒由模仿經驗中再發展出其他的創意。譬如：在節奏模仿活動中，指定創造力較高的幼兒創作節奏讓其他孩子模仿；或者在緞帶遊戲中，老師提醒孩子去觀察或模仿較高創造力孩子操弄的方式或

舞動的變化，接著鼓勵其他幼兒用自己的方式做更多的聯想等。下面是我與幼兒在暖身活動中運用旋律線條對比元素與同儕鷹架作用的一個例子：

老師：「剛剛老師在 A RAM SAM SAM 節奏模式音樂中做拍手的動作，有哪一位小朋友可以設計另一個動作？」

幼兒：用腳做開合開合。（動作描述）

老師：「關宇做得不錯，他的動作和音樂的旋律有配合喔！」

老師：「老師剛剛在『咕哩咕哩咕哩咕哩』節奏模式的音樂中做搖屁股的動作，有哪一位小朋友可以和關宇一樣，也可以設計另一個和音樂旋律配合的動作？」

幼兒：用兩隻手做搖滾樂的動作。（動作描述）

老師：「其他小朋友有沒有仔細看啊？現在請大家跟著老師所彈的音樂再做一次，這一次在唱『A RAM SAM SAM』和『咕哩咕哩咕哩咕哩』時，要跟著關宇和若妡做他們設計的動作，等一下我們再請其他小朋友設計不一樣的動作。」（觀察逐字稿，2005/07/28）

筆者發現幼兒已經能夠很清楚地聽出音樂中旋律線條的差異性，並選擇合適的動作搭配音樂的旋律線條。同儕互動必須不斷地反覆循環，以加強幼兒彼此間互動的品質，並提升幼兒的潛在發展層次。

另一個與同儕鷹架概念有關的學習方式稱之為「相互學習」，相互學習是一位老師與二到四位兒童形成學習的小團體，老師的角色便是在活動中，逐漸導引出幼兒的參與對話，以及精熟學習的內容，並從中鷹架幼兒的參與學習。

相互學習運用在樂器學習的小團體上，也是不錯的一種方式。例如：以一位老師與二至四位孩子形成一個小組，以協助幼兒對本身節奏的專注力，讓合奏能發揮效果，此時，協同教學者的角色便凸顯出重要性了（圖5-54）。

圖 5-54 由一位小老師與二至四位幼兒所形成的小團體之相互學習

在相互學習過程中，老師還須不斷地鼓勵同一組的幼兒常常聚在一起，練習各種不同的節奏型，或以小組形式創造自己的節奏組型或歌謠說白，如此做法可以藉此檢驗其中的相似性來加深幼兒對節奏概念的了解（圖 5-55）。

圖 5-55 老師鼓勵同一組幼兒經常聚在一起練習節奏型或即興說白

上述有關鷹架學習的內涵，正符應了 Reggio Emilia 的幼兒教育系統中所採用的 Vygotsky 小團體合作的觀點，此觀點認為思考過程起源於社會互動。在整個研究歷程中，老師是設計刺激對話與共同建構知識的創造者，

藉著音樂律動的方法，創造不同符號象徵系統的教室活動。在老師與幼兒合作做決定，藉合作方式融入探索的主題，成人與同儕對幼兒學習的鷹架行為，豐富設備的教室環境以及促進小團體的音樂遊戲，都是幫助幼兒通往高層心智發展的途徑，而最終目的則在協助幼兒邁向最佳發展區。

貳、建構教學中教師的教學理念

一、減弱教師主導性以提升幼兒的想像力

一般而言，創造與想像是具相互關係性的，創造是內在想像的外在表徵形式，想像和創造是建構歷程中重要的兩個部分，想像能引發創造，創造亦能擴展想像。以幼兒的發展而言，四歲的幼兒即開始發展出較好的概念性、社會性以及動作技巧；也同時享受著與他人的互動關係、探索音樂的聲音，並能透過歌曲或樂器玩戲劇性的故事遊戲；而當他們受到成人鼓勵時，便能發展出聲音和樂器的聯想，同時創造各種節奏與聲音（Kenney, 1989: 33）。因此，從事建構教學時，若能盡量降低教師的主導地位，對孩子想像力的引發較有助益。

二、尊重與欣賞孩子所表達的獨特性

一個建構取向的教師，應該是以「個人參照」作為評量幼兒學習成果的依據，此種評量即是拒絕比較幼兒之間的學習成果，而展現一種對幼兒學習歷程的「真正的尊重」。就如同 Marlowe 和 Page（1998: 169）所言，「尊重」並不意味運用空泛讚美或代幣增強物等，而是透過真誠的關注，以及分享學習者的學習歷程，表現對學習者創造力的興趣等而呈現出來的。因此，建構教學過程中，教師應盡量不去比較幼兒之間的創作，如：將幼兒的作品分等級、強調表現最好的作品，或為幼兒的創作貼上好與壞的標籤等做法，如此都足以降低幼兒的自信心。此外，「尊重」更意味著成人與幼兒之間情感互動的具體展現，當幼兒與一位溫暖、有回應的成人合作，這成人給幼兒口頭的讚美，且歸功於幼兒的能力時，則幼兒參與活動與挑戰自己的意願，將會達到最高點。

135

　　因此，教師給予幼兒評價並非空洞的讚美，而是用誠摯表現對其作品的興趣來分享幼兒的創作。評價意味著尊重幼兒對他人作品的想法，假使幼兒能擁有許多觀眾來評價他的作品，不論是同儕或父母的分享，都可以幫助幼兒更具信心地開始欣賞自己的作品。

　　基於上述，提供孩子創意表達上的支持，即是尊重與欣賞幼兒的具體表現。而在提供支持的做法上，筆者運用了下列原則：

（一）以具體正向的語言，取代空洞的嘉許或讚美

　　當幼兒在課堂中做了一些特別有趣的東西，筆者無論如何嘗試在孩子的創作中，找到一項可以讚美幼兒表現的作品，或用一個實際對動作的註解與評論來稱讚幼兒，譬如：「喔！看！關宇做的毛毛蟲的動作很有趣，因為他的身體關節好柔軟，而且動的速度很慢很慢。」來取代「關宇！你做得很好。」如果只是對該生說做得很好，可能意味著其他幼兒做得不好，或是根據我對一個幼兒先前所做的作品下了「做得不夠好」的評論。

（二）給予正向的評論，取代負向的批評

　　為了傳達老師對創造力的肯定，讓教室充滿想像氣氛，教師應多給予正向語言的回饋。因此，在課程結束前的高潮活動中，若要孩子表演給他人欣賞時，筆者則盡量對所有表演的作品做一些正面的評價，例如：「我很喜歡你們用大塊布將自己的身體整個包起來的方式，因為這樣看起來像個石頭，好奇妙喔！」這種以「我的感覺」方式傳達老師對幼兒創作活動之具體建議，或老師看到創作後的一些想法與幼兒做分享，比起抽象的讚美語言，或因為幼兒做得不夠好而給予批評來得更重要。

三、建立信任的學習氣氛

　　自從開始從事音樂律動教育工作以來，一直縈繞在腦中的問題便是：如何鼓勵一個對自己自信心不夠的幼兒，能自由自在地動起來？如何激勵幼兒超越自己、探索未來、繼續不斷地發展自我？Ostertag 建議在教室內重要的是先建立一個彼此互信的氣氛以促進創作。通常幼兒是隨性而且純

真的，因此，當他們覺得舒坦或興致被打斷時，可以立即被看出來（引自
陳大武譯，2004）。他們可能大聲表示意見、變得不安、轉移注意力或者
呆視、心不在焉。相對於一位數學老師必須費盡心思吸引幼兒的注意力，
音樂律動課便顯出它的優勢。在目前幼兒園重視認知學習的環境下，大多
數的課程幼兒是坐著度過的，因此，我發現製造一個對比的活動，讓幼兒
有一段發洩、流汗、自在的活動時間，這時沒有任何批評，沒有「對」或
「錯」，只有互相接納、滿足的自由隨意活動。

在教室中建立信任幼兒表現的學習氣氛，是一位從事建構教學的教師
必須堅持的教育理念。當藝術家們能自由表達他們自己的時候，其自我表
達能力將日益活躍，幼兒們的表達亦是如此，幼兒們的藝術創作應被鼓
勵，其建構性的批判能力亦應被重視，因此，作為一位具建構理念的教師
應多鼓勵幼兒指出或說出自己的觀點。由於藝術創作是非常獨特的，當幼
兒們由其他孩子身上獲得藝術創作經驗的同時，他們亦同樣習得如何去欣
賞自己或他人的獨特性（Waite-Stupiansky, 1997: 168）。當幼兒持續與他
人做身體接觸時，他們比較能知覺到他人的需要，並接受人與人之間會有
不同的身體形狀與線條的事實，也因此學習到同儕間所具有的個別差異性
（Boyd, Chalk, & Law, 2003）。因此，教師應該信任幼兒們的音樂律動即興
能力是獨特的，若幼兒們喜歡製造他們自己的音樂，老師便應該鼓勵他們
在許多不同樂器上做即興創作，並藉著合作性即興經驗幫助幼兒發展出音
樂或身體律動自由表達的個別性。

由於每個幼兒的想法都是很獨特的，一位敏感的成人則必須隨時觀察
與聆聽幼兒們的各種獨特的創作與想法，並允許幼兒擁有成長所需的時間
與空間。幼兒其實是具有偉大建構能力的，只要成人提醒自己不充當塑造
者，而只在建構的過程中從旁協助，並信任幼兒的表現，便足以引發幼兒
的獨特性（圖 5-56、圖 5-57）。

圖 5-56 　翰瑋用兩個響板與兩枝棒子打出先前　　圖 5-57 　依萱用兩隻腳夾住辣齒
　　　　　探索過的節奏型　　　　　　　　　　　　　　樂器來轉動聲音

在探索過程中，除了「自我探索」外，運用「合作性探索」方式，亦能讓幼兒體會到與他人協商意見、彼此分享以及欣賞他人獨特性的感覺。在合作性探索中，筆者發現幼兒已能將過去老師所引導的對比元素概念加入探索的活動中，這項發現對研究者而言是莫大的一種鼓舞，因為由孩子身上我看到了學習的成效。圖 5-58 記錄幼兒在探索活動中，自行協商出來的探索表現：

圖 5-58 　經過協商後，一位幼兒伴奏低音，
另一組幼兒則做出低低的動作

　　總之，一個建構取向的教師，必須相信幼兒具有高層次思考潛能、個別差異性與充滿想像及獨特創造性的教師。當教師的思維改變時，其教室的語言型態也須跟著改變，因為語言的置換可提供教師產生更深入的自我思考與自我反省。

參、建構教學策略之運用

　　在建構教學歷程中，為了引發幼兒更多的想像力，筆者經常適時地運用教學策略來引發孩子的想像與創作，並藉此豐富幼兒的探索行為表現。例如老師在語彙中加入字詞本身即富含自由創造特質者，如：「把布做成氣球傘一樣，往上抓一些空氣下來；你手上的布也可以像漁夫的漁網，用這塊布來捕魚，你可以往左邊撈，也可以往右邊撈，或者把布放在背後讓它平平地飄起來，並且快速地移動你的身體，想像是一條魟魚在游的樣子。」

　　以下說明本研究歷程所運用的三大類型教學策略。

✦✦ 一、運用創造性教學策略

　　許多藝術形式均具有自發和即興創作的特性，即興並非隨意亂作，它必須藉由與藝術家或媒材的指引下方能完成（Waite-Stupiansky, 1997: 167）。譬如：合奏的創作展現，必須有音樂家的作品和許多不同的樂器方能達成；又如：運用不同材質的布條，幼兒們在律動上的創作展現便有不同。以戲劇型態來統整主題活動的各項探索學習，亦是一種提供學習者創作機會的活動。身為一位建構教學的教師必須體認到，透過即興創作能發展幼兒更具彈性、合作性與溝通的能力。

　　為了使教學達到完美的程度，在課程建構歷程中，必須謹慎地運用創造思考教學，因此，筆者將許多專家學者所研究的創造思考教學策略融會貫通，並選取適當的策略，以為設計教學計畫之參考。筆者所運用的創造思考教學策略包括：解凍與暖身、腦力激盪術、屬性列舉法、型態分析法、擴散性思考和組織的技巧……等。

以下敘述本研究所運用之創造性教學策略及內容：

（一）解凍或暖身

所謂「解凍或暖身」的意義在提供幼兒安全和自由探索的環境及學習氣氛。「解凍」的方法很多，譬如：教學過程中，教師可經常表現出傾聽、微笑、接納性的點頭，這是很好的解凍方法，可以讓幼兒在心情輕鬆的狀態下，表現出豐富的創意。而「暖身」則是在課程開始前先來一段身體的活動，其目的是希望讓幼兒能在肢體最放鬆的狀態下進行律動，譬如：在進行氣球傘探索活動時，必須運用到手部大肌肉部位，且會牽動身體其他部位的肌肉力量，因此，在活動前必須先進行相當充分的身體暖身，以避免發生拉傷的情形。此項活動的暖身包括手腕、手肘、手臂的放鬆，將手臂往前、右側、左側不同方向做延伸等，這些活動可幫助肩關節充分地達到舒緩的目的，以利氣球傘之操弄，避免意外傷害（圖 5-59）。

圖 5-59　身體及肩膀的暖身活動

（二）腦力激盪術

所謂「腦力激盪術」主要是利用集體思考的方式，鼓勵幼兒盡量說出各種與眾不同的意見或想法。在身體律動時，則可激勵幼兒做出各種變化的動作。在運用腦力激盪術引導幼兒進行思考與探索時，老師的引導角色

是很關鍵的。由於動作或造型常是由幼兒自己引發出來的，而非由成人所引發，因此，在從事布條探索時，成人不要指示幼兒要用布條做出什麼動作，而應該提示幼兒集體思考出布條可以創作出哪些動作、造型或遊戲。下面是幼兒運用「大型彩虹布」及「氣球傘」所做的集體思考的創作活動（圖 5-60～圖 5-64）：

圖 5-60　幼兒一起討論運用大型彩虹布來做舞龍舞獅的活動

圖 5-61　幼兒一起討論運用大型彩虹布來做出捲壽司的活動

圖 5-62　我們是毛毛蟲

圖 5-63　毛毛蟲掙開蛹

圖 5-64　毛毛蟲變蝴蝶飛出來了

（三）屬性列舉法

　　所謂「屬性列舉法」意指教師在實施教學時，可先讓幼兒觀察物品的屬性，然後提出該物品的特性或操作方法。譬如：讓幼兒觀察布條或呼拉圈的特性之後，預留一段時間讓幼兒把玩，並鼓勵他們運用各種不同方式，如轉、套、丟……等方法和素材互動。或者提供各種顏色的絲巾、大小不同的布條或布塊，讓幼兒說出絲巾或布料的特性，如柔軟的、可以飄起來的、輕輕的……等，並讓他們用絲巾或布條表現各種不同的身體律動（圖 5-65、圖 5-66）。

圖 5-65　用雪紡紗做成大搖籃輕輕搖　　圖 5-66　雪紡紗也可以轉轉看，
看布如何變化

（四）歸因法

　　所謂「歸因法」意即指導幼兒由事物所具備的各種屬性、特徵或特質中，找出共同的屬性與特質，並加以歸類的方式。如：在所有由幼兒所蒐集的節奏樂器或克難樂器中，將音色相同的樂器擺在一起，或將顏色、質料相同的布擺在一起。或者指導幼兒去探索事物間之相似性，例如：在幼兒面前呈現各種不同種類的樂器，給幼兒充分的時間去思考，最後決定用哪一種方式來分類；如：按音色、材料或其他方式來分類；或由各種類似音色的樂器中，找出象徵某種動物所發出的聲音等。

　　圖 5-67 為老師利用歸因策略所引導的樂器探索活動：

圖 5-67　幼兒正在探索各種樂器所發出的音色

（五）激發法

　　所謂「激發法」意指運用「發問十字訣」，提出開放性的問題，激發孩子去發現、試探事物的新意義。所謂十字訣即：假如、列舉、比較、替代、除了……還有……、可能、想像、組合、六 W 檢討法及類推等，例如利用肢體與大型海浪布想像並創作出各種海浪之變化，諸如平靜的海、洶湧的海……等；這塊布除了往上拋以外，還有哪些操作的方法。以下圖5-68 至圖 5-70 為筆者運用激發法讓幼兒利用圖卡玩煙火聲音的聯想活動歷程：

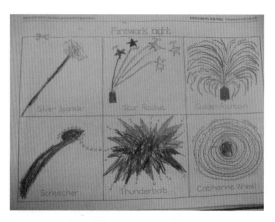

圖 5-68　在聲音想像前，讓幼兒畫出煙火的想像畫

圖 5-69　幼兒們的煙火想像畫作品

圖 5-70　利用圖卡讓幼兒玩煙火聲音的聯想活動

（六）重組法

　　所謂「重組法」是一種再定義、再合成的藝術創作形式，意指利用重組結構的方式，獲致新的結果。例如利用身體線條來表現各種主題造型，如五個人一組用身體組成蛋糕、火車鐵軌、獨木橋……等。圖 5-71 所示，為研究者與現場幼教教師進行身體空間變化時，運用肢體表現高、中、低水平所創作的蛋糕造型，這是一種對身體的重新定義與重組的形式。

圖 5-71　利用高、中、低三種身體水平之空間變化創作蛋糕造型

（七）直觀表達法

　　所謂「直觀表達法」意指指導幼兒經常運用五官的感覺，並加入自己豐富的想像力，最後利用各種方式表達出來。如利用肢體表現出對音樂旋律中喜、怒、哀、樂的感覺，是一種情緒的表達形式（圖 5-72）。

圖 5-72　白鷺鷥很開心地揮著翅膀飛翔

（八）知覺化技術

　　所謂「知覺化技術」意指在音樂教學過程中，由教師示範一段節奏或旋律之後，請幼兒仔細觀察或聆聽，再由幼兒創作出另一種節奏或旋律的型態（圖 5-73）。

圖 5-73　幼兒先觀察協同教學者的節奏，再請幼兒創作另一種節奏

以下範例屬於「人聲與樂器探索主題」的高潮活動,是研究者節錄一個透過「貓頭鷹與螢火蟲」的故事,並結合運用以上創造性教學策略,和幼兒一起建構的課程內容(〔〕部分即為創造思考策略)。

我在〔暖身活動〕時,帶著幼兒唱與跳了一段 "A RAM SAM RAM" 的即興舞蹈之後,接著在教室中放著過去數堂課與幼兒們一起探索過的各種樂器(佈局),和幼兒們討論著今天的主題(元素引導):(文中【】部分為老師帶著幼兒一起探索的聲音或用樂器製造的音效,以及肢體動作的探索)。

老　師:「今天老師要邀請一位朋友帶我們到森林中探險。」

老　師:「這位朋友叫作 "RAM SAM SAM",牠平常是一個非常活潑、愛搗蛋的貓頭鷹。有一天當牠到森林裡去找動物朋友跟牠一起玩的時候,發現那天森林裡好安靜,一個動物朋友都沒有,因此,牠便唱起了一首【無聊之歌】。」

老　師:「小朋友,我們現在來為 "RAM SAM SAM" 編一首無聊的歌,當你無聊的時候,你會發出什麼樣的聲音?或唱什麼樣的歌?」

老　師:「老師先唱一段旋律之後,你們再自己創作一段旋律。」
〔**知覺化技術**〕

幼　兒:「我無聊時會去玩玩具。」(並未正確回答老師的問題)

幼　兒:(做出打哈欠的動作,並發出些微的哈欠聲。)(動作描述)

老　師:「若妳用哈欠代替唱歌,現在大家一起做一個【打哈欠的聲音】,聲音要大一點。」【無聊的音效】

老　師:「就在牠唱著這首無聊之歌的時候,突然發現一道光芒【咻……】飛了過去。你們看到了什麼東西?」〔**腦力激盪術**〕

幼　兒:「是流星。」

幼　兒:「是貓頭鷹。」

老　師:「猜猜看,什麼動物會在森林裡飛,而不是在很高很高的天空上飛?而且飛的時候會出現光芒的。」

147

幼　　兒：「螢火蟲。」

老　　師：「一群螢火蟲出現時會有一道光芒。你們會用什麼樣的樂器
　　　　　來做出【咻……】的聲音？下面這些樂器，哪一些樂器所發
　　　　　出的聲音像光芒劃過的聲音？」〔歸因法〕

幼　　兒：「用辣齒。」

幼　　兒：「用刮胡。」

幼　　兒：「用風鈴組。」

老　　師：「現在我們請這三位小朋友用這三種樂器做出聲音，然後大
　　　　　家決定要用哪一個樂器？」

幼兒們：（多數的孩子選擇用【風鈴組】來表現光芒的聲音。）【象徵
　　　　　光芒出現的音效】（圖 5-74）

老　　師：「"RAM SAM SAM"這隻貓頭鷹好開心地跟著這群螢火蟲到
　　　　　處飛著。」

老　　師：「現在請一位小朋友選一個樂器來表示【螢火蟲快樂地跳著
　　　　　舞】的感覺。」

幼　　兒：「用鐵罐敲。」

幼　　兒：「用響棒互打。」

幼　　兒：「用三角鐵。」

老　　師：「你想用什麼樣的敲法，才能做出好像螢火蟲高興地在跳舞
　　　　　的感覺？」〔直觀表達法〕

　　筆者發現幼兒拿到三角鐵後，卻不知如何使用它敲出更適合的聲音
來，便進一步引導他用各種方式來敲敲看，最後他發現用棒子在三角鐵內
畫圈圈所發出的聲音最理想。

幼兒們：（大多數孩子決定用【三角鐵在裡面畫圈圈】來象徵螢火蟲
　　　　　跳舞的感覺。）【象徵快樂跳舞的音效】〔歸因法〕

老　　師：「現在我們要請一位小朋友當這隻貓頭鷹，他在【飛的動作
　　　　　很笨重的樣子】，另外要邀請幾位小朋友當螢火蟲，你們【飛
　　　　　的時候速度則要快一點】。」〔肢體動作中速度快慢對比〕

148

老　師：「"RAM SAM SAM" 因為身體比較笨重，所以牠飛得好辛
　　　　苦，常常飛到一半掉下來，最後跌得鼻青臉腫的。但是，
　　　　突然間牠發現天上出現了幾個字，有一半的螢火蟲在半空
　　　　中【用身體寫著大大的 "S"】，另一群螢火蟲則【用身體寫
　　　　著大大的 "M"】。現在我們請剛剛扮演螢火蟲的小朋友分成
　　　　一半，一半【飛 S 型的路線】，一半【飛鋸齒型的路線】。」
〔律動中空間的地板軌跡對比〕

老　師：「"RAM SAM SAM" 好感動地發現原來螢火蟲朋友將牠的名
　　　　字寫在半空中，好讓大家都能看到牠的名字後都飛過來和牠
　　　　一起玩。」

老　師：「最後，果然許多的動物都跑了過來和 "RAM SAM SAM"
　　　　一起玩，大家一起跳著【A RAM SAM SAM】的舞蹈。」

圖 5-74　幼兒正嘗試選擇適當的克難樂器做特殊音效

　　最後，筆者帶著所有的幼兒唱著、跳著 "A RAM SAM SAM" 的舞蹈
結束這堂課，並邀請研究園所有的幼兒觀賞筆者和幼兒一起編的故事劇，
以作為「人聲與樂器探索」這個主題的一個高潮活動的呈現。

　　由上述可知，創造思考是一項不錯的教學策略，它利用了幼兒的好
奇、不斷為幼兒提供新刺激，引起幼兒對未知因素的探究，喚起幼兒求解
的動機與慾望，促進幼兒觀察、探索、實踐、分析性思維和直覺思維的學
習活動。

✦✦ 二、刺激主動探索策略

　　在實施建構教學時，教師可透過示範探究的方式，而後逐漸將學習的主權交還幼兒，幫助他們建立自我思考的能力。由於藝術表達乃源自於藝術家與媒介物之間的對話，因此，為了引發幼兒思考，環境中具刺激性、能引發興趣的材料之提供是必要的。但是，教師在運用此項策略時必須注意到，藝術媒介的提供或轉換不可太過頻繁，否則孩子由探索到創作出作品的時間太短，並不利於幼兒發展出對媒材的運用能力，或對素材的知覺能力。

　　藝術的溝通須透過五官的感覺發展，對刺激要有感覺也須透過五官及動覺，當幼兒願意運用各種感官去接收任何知覺訊息時，便是展開並邁向藝術表達的開始。因此，在從事藝術建構教學時，老師應盡可能地把素材放在幼兒唾手可得的地方，以方便他們隨時配合他們的興趣去搭配適合的材料，若因幼兒的興趣或新的主題需要時，則可適時地添加新的素材（Waite - Stupiansky, 1997: 170）。

　　下面以兩個主題探索歷程，說明教師如何運用刺激主動探索策略，以引發幼兒的探索行為表現。

（一）布條探索遊戲

　　一個鼓勵主動的學習環境是指設備易於取用，和吸引人的素材，而質輕、會飄動的布料，都是容易隨著幼兒們的移動而產生飄動的素材（Weikart & Hohmann, 1995）。本研究中的「布條探索遊戲」之主題即採用了許多質輕、會飄動的布料，如絲巾、緞帶、雪紡紗、珍珠紗及溜溜布等，讓幼兒進行音樂律動的探索。經由操弄以及舞動的過程中，學習者會更了解這些素材的特性，以及可以帶著它移動的形狀和路徑軌跡變化。對許多幼兒而言，當他們移動時，如果可以握住某樣物體，則會增加他們舒服自在的程度。運用各種布條的探索活動中，還可以幫助幼兒學習控制手臂的身體部位，並了解如何運用手臂力量，讓不同的布條產生各種不同的效果。（相片分析檔案，2005/06/07）

　　以下（圖 5-75 ～ 圖 5-79）呈現幼兒與教師們在經由研究者引導下所進行的各種布條探索的相片檔案資料：

圖 5-75　將珍珠紗當作海浪布，讓幼兒想像各種海底動物穿梭其間

圖 5-76　雪紡紗雙人探索活動

圖 5-77　利用彩虹布進行舞龍舞獅
　　　　的團體探索活動

圖 5-78　緞帶探索活動

圖 5-79　口袋布的探索活動

在研究者所準備的布條中,「緞帶」是其中一種具有十足律動感且變化多端的素材,可以綁在竹筷上,以握住筷柄來製造各種圖形的「竹筷柄緞帶」;或者以成束的緞帶綁在以珠子串成的手環上變成「緞帶手環」,這項道具可創作出更富變化的樣式,增加了另一種創作的可能性。

「竹筷柄緞帶」雖是滿富創意的道具,但因現場園長的反應,讓我思考到運用素材時的安全性問題。除了在活動開始前會先提醒孩子注意操作的方法與注意事項之外,我還思考到如何讓孩子能更知覺到「自我空間」的重要性,並在往後的課程中適時地安排自我空間認識的活動,以避免危險的發生。(教學省思日誌,2005/03/24)

另一種材質的布條為「雪紡紗」,這種布料具有輕盈飄逸的柔軟質感,以及極佳的自然垂墜特性,可以任意隨著音樂自由舞動。運用雪紡紗來舞動,較能增加身體空間的位置,並能發展孩子對地板軌跡的認識,如想像自己是一隻飛鼠般在地板走直線或 S 型軌跡。

雖然大塊的雪紡紗、溜溜布及珍珠紗布料頗能增進幼兒空間探索、發展對布的知覺能力,但是它在操弄時也會引起某些操弄及活動上的困難。在帶領幼教老師們進行課程實驗時,有部分老師提出他們在與幼兒互動後的看法:

「起初孩子拿到溜溜布就一直抖動,非常快樂的樣子,但是當孩子興奮時音量就特別的高,老師也就必須用哨子來控制次序。而且我覺得用溜溜布太長了,會妨礙孩子活動的動線,因此教學過程很擔心孩子會絆倒。此外,在開始操作溜溜布時,請孩子做小浪花有一點困難,因為孩子一拿到布就很興奮,就開始抖動而失控,因為先前有玩過氣球傘的舊經驗,孩子一看到類似材質就以為要玩氣球傘,所以產生失控的情形,當吹了哨子孩子就比較能專注聽老師的指令玩遊戲了。」(現場幼教教師省思紀錄,2004/06/01)(圖 5-81)

經由現場教師的提醒,筆者在與幼兒互動時也發現有同樣的情形發生,由於布條太長,當幼兒在探索時,動作上的反應相當快速,再加上身

體控制能力不足，以及對一般空間的知覺不夠敏銳，因此，常會發生絆倒他人正在玩的布條，而造成滑倒的情形（圖 5-80）。

圖 5-80　幼兒們玩起溜溜布時動作速度相當快，容易引起絆倒的情形

153

圖 5-81　由高處往低處放下時，小朋友很自然地做出大蘋果的動作

　　除了安全上的問題外，老師們所提到的舊經驗影響創作表現的問題，也是未來繼續建構課程時須多加以注意的部分。雖舊經驗對幼兒的創意表現有正向的影響，但有時也會阻礙幼兒的創意表現。

　　綜合布條主題探索之後，筆者發現由舞動布條所呈現的各種軌跡及圖形等空間元素變化，是幼兒透過線條、形狀、軌跡，與素材面對面的情境脈絡下，所創造出來的意向與情緒，這點讓筆者更加肯定孩子們其實是具備豐富美感經驗的小小音樂探險家。

（二）樂器探索遊戲

　　為了豐富探索的情境，促進幼兒發展主動探索的動機，在「人聲與樂器探索遊戲」的主題中，筆者設計了許多機會，讓幼兒與各種不同種類的樂器進行探索，包括由日常生活中取材的克難樂器、鍋碗瓢盆樂器、童玩玩具樂器、Orff 樂器及非洲打擊樂器等。其目的除了讓幼兒發現日常生活中各種聲音來源外，並希望幼兒透過教師的用心佈局與佈題，能探索各種音色、操弄各種樂器外，更期望發展幼兒的自我表達慾望，強化他們欣賞自我與他人獨特性的能力。

　　為了豐富探索的情境，筆者與幼兒們共同在「樂器探索」主題中所蒐集與佈置的樂器情境如圖 5-82、圖 5-83 所示：

圖 5-82　老師所蒐集的鐵罐類克難樂器及各種童玩玩具樂器

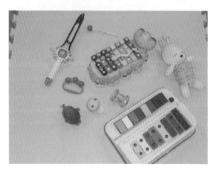

圖 5-83　幼兒主動幫忙蒐集各種玩具樂器資源

　　在指導幼教教師進行樂器探索主題活動中，幼教老師們也相當認同老師在引導過程中，須豐富探索的環境，以引發幼兒的主動探索行為表現。

> 「為了引起孩子的主動學習動機，我覺得孩子能從豐富的克難樂器中做選擇是很重要的，這樣他們才能學會什麼樣的媒材最能表現他們的想法。只是在引導的過程中，比較需要靜下心來聆聽、感覺、思考。從活動過程中，我看到了孩子的好奇心、期待、興趣，也看到了孩子合作創作的潛在獨特的節奏感。」（現場幼教教師省思紀錄，2004/04/13）

　　老師若要引導幼兒獲得有意義的聲音探索活動，則可以引導幼兒了解握住樂器的方式或探索特定的使用技巧，以及樂器使用時的特殊節奏型或音高型演奏法（Scott-Kassner, 1993）。以「節奏鼓」探索活動為例，筆者首先讓幼兒徒手在手鼓、曼波鼓以及拉丁鼓上做各種敲擊方法的探索。進行探索的過程中，筆者仔細地觀察幼兒的探索方法，並提示幼兒利用鼓的各個面來發出不同的聲音，對於獨創性較高的幼兒則適時地給予口頭嘉許，並以一個實際對創作的評論引導孩子進一步地探索聲音的可能性。

　　當筆者發現幼兒在創作節奏的過程中出現對比元素後，便順理成章地將此元素帶進來。這時筆者所思考的是，如何讓幼兒能真正地體會在鼓上做出大小聲變化。為了讓幼兒能夠在系統的、緩慢的原則下熟悉每個樂器，以免過度刺激產生對聲音對比的混淆，因此，筆者嘗試運用「手鼓」這項樂器來讓幼兒體會聲音大小的對比。

> 教師：「現在老師在鼓上放一些豆子，你們用手在鼓的旁邊拍，用很輕的力量拍，不能讓豆子掉下來。」（輕的力量）（圖5-84）
>
> 教師：「接著，你們加一點點力量，讓豆子可以跳起舞來的力量試試看。」
>
> 教師：「現在每一位小朋友都試試看，怎樣讓豆子跳舞？」（重的力量）（圖5-85）

圖 5-84　輕的力量

圖 5-85　重的力量

　　筆者觀察到以跳舞來隱喻重的力量時，幼兒似乎無法領會其意義，因此，筆者繼續嘗試運用另一個隱喻，如像下雨時雨滴滴在地下水窪時所發出的聲音，筆者發現在一段時間的探索後，幼兒也會運用另一個隱喻，如像爆米花的聲音來形容拍鼓的聲音。

教師：「想想看，下雨的時候，雨滴很快地滴在地下的水窪時會有什
　　　　麼變化？」
若妡：「ㄅㄅㄅㄅㄅㄅㄅ
　　　　ㄅㄅㄅㄅㄅㄅㄅ」
教師：「對，拍的時候手指要張開，手放在鼓邊，手腕不要抬得太
　　　　高，速度要快一點。」
關宇：「像爆米花的聲音。」
教師：「剛剛我們用了兩種不同的力量來拍手鼓，現在請大家選一種
　　　　自己喜歡的鼓，用剛剛我們練習過的方法，在不同的鼓上面再
　　　　試試看。」

　　筆者發現幼兒們會在一個正面、積極的氣氛下成功擴展主動探索經驗。在這個環境下，實驗是被鼓勵的、多樣是被尊重的、個別差異是被接受的。探索或創作過程最重要的是在成形的過程中，每一個誠心的努力都必須被了解與讚賞。教師應肯定幼兒在學習歷程中的主體性地位，在提供

藝術經驗的同時更須重視個體主動參與經驗的建構，使新舊經驗能融合而成為個體經驗的一部分。

✦✦ 三、運用高層思維策略

在知識建構歷程中，教師除了相信幼兒有運用高層次思維的能力之外，亦須形塑運用高層次思維的契機。因此，在幼兒音樂律動課程中，我不斷地思考要如何提供幼兒與各種學習媒材（樂器、道具、材料等）的直接互動，或是採用各種問題解決學習策略，激勵孩子竭盡所能地投入探索過程，以及在活動中增加讓幼兒參與做決定的機會，都是提供幼兒運用高層思維的契機。以下說明研究中發展幼兒高層思維的幾種方法：

（一）善用藝術家的第一手資料

在音樂律動課程中，教師必須善用藝術家的第一手資料（音樂、圖片、畫作、舞蹈作品）作為幼兒學習與想像創作的來源，當幼兒與第一手資料接觸的同時，鼓勵他們運用高層思考能力去進行欣賞、歸納、分析與批判這些資料。

在研究歷程中，筆者盡量選擇藝術家所創作的第一手資料作為探索課程的教學資源。如 Carl Orff 所創作的「布蘭詩歌」、Bizet 的「卡門組曲」、Grieg 創作的皮爾金組曲中的「清晨」、Saint-Seans 的「動物狂歡節組曲」，此外，藝術作品中如：Matisse 的「爵士系列」畫作更是未來可以作為發展肢體創作的第一手資料來源。

（二）發展批判與評鑑的能力

發展幼兒批判與評鑑的能力，也是建立幼兒高層思考的方法，而發展此種能力必須建基於幼兒期。在創作過程中，老師須引導幼兒學習尊重他人的創作，同時也應帶領幼兒表達自己的想法與學習富建設性的批評。因此，在藝術討論的過程中，當幼兒做了一些特別有創意的表現時，筆者常適時地用一個實際對動作的註解與評論，我認為這樣的做法要比單純只用支持性語言（如好棒！很好喔！）對幼兒作品而言更具正面的意義，因為它傳達了我對幼兒創作活動的感覺和具體建議。因此，藉由藝術討論除了

可以發展幼兒運用藝術語彙進行溝通的能力之外，更重要的是，還可藉此培養孩子對音樂律動的知覺以及評論作品的能力，這些都是高層思維的具體表現。

（三）發展表達內在思考與情感的能力

在布條探索主題中，「彈性口袋布」是一個具探索性且趣味性極高的素材，它是由延展性以及伸縮性極強的彈性布料所製成，非常適合作為肢體探索之用。在課程建構歷程中，筆者嘗試運用此項素材，讓幼兒透過身體雕塑，來表達他們內在深沉的思考與情感，作為發展幼兒高層思維策略之輔助用具，以下說明本研究布條探索主題中「遊樂園」高潮活動之歷程：

本活動是以三個小主題作為聯想，包括：清晨覺醒、做早操及遊樂園，每一個小主題均以第一手古典音樂，如波斯市場、口哨與小狗、清晨等作為探索的主題音樂，再由教學者編輯成組曲形式，以作為肢體探究之背景音樂。在肢體探究部分則根據音樂律動之空間、力量及時間對比元素作為主軸，以下描述活動之聯想組合：

1 主題：清晨覺醒

元素運用——空間中的水平探索
　　　　　　緊縮與放鬆的對比性
　　　　　　慢的時間速度

音樂——清晨

老師：「有一天，一隻可愛的章魚從睡夢中醒來，現在請你想像自己是那隻可愛的章魚（圖 5-86）。請你注意聽音樂，然後身體慢慢地伸展開來，最後，你打了一個大大的哈欠。」

老師：「現在請緊縮你的身體，像一隻正在睡覺的章魚，然後，慢慢地將身體伸展開來，做出大大的章魚身體。」（圖 5-87）

圖 5-86　身體緊縮　　　　　　圖 5-87　身體擴展放鬆
我是一隻剛睡醒的章魚　　　　我是張著大嘴巴打哈欠的章魚

　　利用「彈性口袋布」引導幼兒探索各種不同的姿勢，並學習身體控制能力，同時還可以幫助幼兒認識自己的想像世界，同時發展協調能力。在引導過程中，運用藝術討論方式讓幼兒透過藝術語彙的表達，如我會做大大的動作、我是一條身體縮得緊緊的美人魚、我像不像張得大大嘴巴打哈欠的大章魚、我是一隻自由自在游泳的魚……等，都能幫助幼兒經由動作探索並發展語彙能力，這也是發展孩子邁向高層思維的語言鷹架作用。而隨著藝術語彙的增加和自我表達能力的增進，可進一步幫助幼兒在往後肢體創作活動中加入自己的意見與看法。這個活動正符應 Forman（1993）所言，幼兒運用身體雕塑之藝術象徵，會加深幼兒表達內在思考及情感之反思性能力的說法。

2 主題：做早操

　　元素運用——空間的中水平和高水平探索
　　　　　　　　　身體造型變化
　　　　　　　　　人與人互動關係
　　音樂——波斯市場

老師：「現在讓我們用身體和別人打招呼，你可以創作哪些打招呼的
　　　　方式？然後，再想想看早晨起床時，你會希望和別人做些什麼
　　　　早操的互動？」（圖 5-88）

老師：「你們可以想想，兩個人一起做著翹翹板體操的樣子，兩個人
　　　　如何用身體做出翹翹板體操的感覺呢？」

　　為了增加幼兒參與做決定的機會，筆者在佈題時提醒幼兒去思考，如
果你是一個小丑，你們可以決定要做哪一種小丑？如：玩具兵小丑、愉快
地跳舞的小丑……。在體操的表現遊戲中，還可以加上對比概念，如變大
變小的動作、高高低低的翹翹板……等。

圖 5-88　用你的身體愉快地和別人打招呼、做做早操

　　此時，教師提示幼兒運用翹翹板的原理，以兩人一組方式共同用身體
做出翹翹板的動作，並進行引導式的討論，教師提示：「若用兩個人的肢體
來表現翹翹板，要如何互動？」此外，鼓勵各組根據原理創作及體驗不同
形式的翹翹板動作表徵。Vygotsky（1978）曾分析，當幼兒自己在發展的
時候，他們的知覺往往會專注於心智活動的目標上，很少會對心智活動本
身加以反思，而成人若能在最近發展區範圍內指導一個動作的創作，可以
幫助幼兒發展高層次思考。因此，若只是請幼兒用身體做做早操，他們可
能只專注在基本的早操動作，很少會去思考如何用身體做出類似翹翹板的
平衡動作，或與他人的身體一起組合不同形式的翹翹板。因此，成人必須

支持幼兒的努力,並且幫助幼兒在過程中進行評估,例如:「如果你用這個方法做的話,我覺得你會發現那樣做比較好。」如此做法,幼兒不只是得到新的知識,同時也進入高層次的心智發展,並開始思考他們自己內在的想法。

3　主題:遊樂場

　　元素運用——快的時間節奏

　　　　　　　　身體組合與造型變化

　　　　　　　　人與物互動關係

　　音樂——口哨與小狗

　　老師:「做完早操後,我們要一起到遊戲場去玩,現在讓我們用身體
　　　　　帶著大龍球去玩玩。」

　　老師:「等一下音樂速度會比較快,在和球一起活動時要注意自己的
　　　　　身體動作。」(圖 5-89)

圖 5-89　與球的互動關係

　　對幼兒而言,在進行律動時,配合著物體一起移動,是一項他們非常熟悉的活動,隨著平衡感和協調能力的進步,筆者鼓勵幼兒用各種充滿挑戰的方法,隨著大龍球等物體一起移動。當幼兒成功且愉快地與物體互動中,必能培養出高度的自信心,這種自信可以鼓勵幼兒繼續發展更複雜的

動作技巧。此外，當幼兒穿上彈性口袋布後，身體活動與視覺協調能力將受到限制，也因此帶給幼兒更高度的挑戰，並增加許多活動過程的趣味性和創意性，筆者認為這是幫助幼兒邁向高層思維能力發展的一項重要的動作鷹架作用（圖 5-90）（教學省思日誌，2005/05/03）。

圖 5-90　利用彈性口袋布做出彎曲與扭腰的動作，對身體探索的挑戰性增加不少

　　由上述可知，高層心智的運思是幼兒從某一狀態到另一狀態的轉換作用，而幼兒在活動中表現出的掌握素材物理特性來進行探索，或者幼兒用身體動作來感覺和表達特定音樂旋律或節奏等肢體動作之創作表現，便是幼兒對物體行動，並且在行動中從事認知運作的高層表徵行為，此種高層心智的運思活動便是培養幼兒學習表達內在思考與情感能力的最佳契機。

第四節　主題探索歷程中研究者所面臨的挑戰

　　運用主題探索建構幼兒音樂律動課程的行動研究，雖然能引發幼兒主動學習以及教師行動中思考的能力，但是在歷程中研究者因身兼教學、記錄及訪談等多重角色，因此面臨到許多挑戰。

壹、教室經營上的挑戰

✦✦ 一、討論與聆賞音樂的引導

　　為了讓幼兒能夠專心於藝術討論、聆賞音樂或欣賞到其他人的表現，我要求孩子成圓形盤坐，聆聽音樂時則常要求將眼睛閉起，以提高其專心聆賞音樂的習慣（圖 5-91）。實施一段時間之後，我發現以「圓」來進行課程是不錯的隊形，因為這種隊形能讓幼兒看到每一個人的動作或老師的各項示範，且每個幼兒前面有一個開放肢體律動的空間來進行探索或表演。

圖 5-91　幼兒閉眼盤坐專心聆賞音樂

　　由於音樂律動課程常需要因著活動性質的不同而變換不同隊形或位置，而在轉換時間中常常是幼兒起鬨的開始，有許多幼兒會因此又發生奔跑的舉動，造成教師教室管理上的困擾。為解決上述的問題，筆者特別製作了各種「圖形板」以提供幼兒具體可看的圖形，而取代運用抽象語言的文字描述來引導幼兒變換位置或隊形，如：

點點站　　　　走 S 型　　　　坐成圓形　　　站成三角形　　　走鋸齒型

　　為了讓幼兒在進行律動時，能夠更專心於音樂的聆聽，除了要求幼兒圍成半圓形，而後閉眼、盤坐以達到最佳的聆聽狀態之外，運用「五階段音樂欣賞教學法」之提示想像 → 聽音 → 發表 → 再聽音 → 表現或創作等步驟，來引導幼兒聆聽音樂所要表達的意義與內涵，同樣可以達到專心聆賞音樂的目的。譬如以聆聽布蘭詩歌之「命運」為例：(1)先提示幼兒去想像音樂中可能會出現的聲音對比或速度對比；(2)由老師播放「布蘭詩歌」這首音樂讓幼兒聆聽，並引導他們與剛剛的問題做聯想；(3)在幼兒聆聽完音樂後，鼓勵幼兒運用自己的想像力口頭發表他的感覺；(4)教師針對剛剛幼兒所發表的結果做適當的引導，提供幼兒未能注意或遺漏的部分，請他們更專注地聆賞；(5)指導幼兒根據剛剛所想像的結果用緞帶舞蹈的型態來發表。

　　進行完緞帶舞蹈之後，為了解幼兒對音樂的確實感受性，接著讓幼兒用繪畫的方式將他們的感受畫出來，並說出他們的感受（圖 5-92）。

圖 5-92　幼兒們專心地聆聽若妡聽音繪畫的想法

　　對於這項活動我的感受是：「繪畫是一種適合幼兒的符號表徵活動，由於孩子的語彙有限，無法確實表達聆賞音樂後的心得感受，因此適合讓他們用線條與旋律聯想活動，將感受畫出來。這次的活動，筆者感覺許多孩子容易將大聲、小聲、快、慢的感受與實際的物體聯想，譬如：有些孩子以畫大象來象徵大聲的感覺，因此，只要大聲一出現，他們便花了好長

的時間聚精會神地試圖完成一幅較具象的畫，而無法跟著音樂的流動用簡單的線條或符號作為表徵。」（圖 5-93）（教學省思日誌，2005/04/07）

圖 5-93　幼兒聽音畫畫時，只顧著畫大象

　　基於這項發現，筆者訪談了園所的老師，希望了解幼兒過去繪畫的經驗。

165

「平常我比較會讓孩子畫一些具體的東西，像房子、汽車、城堡之類的，對抽象的繪畫比較沒有經驗。」（訪林，2005/07/28）

「園所裡請了一位美術的才藝教師，我觀察到雖然他會給孩子很多想像的空間和自我發揮的空間，但是好像比較多時間讓小朋友畫一些像老師所講的具體圖形，較少有機會去畫抽象畫。」（訪藍，2005/07/28）

　　在課程進行之後，筆者請教了學者專家對增進幼兒抽象圖形或線條概念的看法：

「我覺得增進孩子線條概念或抽象圖畫概念的方法很多，老師可以利用 Matisse 的畫作，讓孩子認識有哪些符號或色塊的造型可以畫；或者利用 Joan Miró 的畫作，讓孩子認識線條的抽象變化。」（訪程，2005/02/05）

　　我認為幼兒們對抽象線條不熟悉的情況或許與他們平日繪畫的舊經驗有密切關係，為了能做更進一步的引導，筆者參考了專家學者的意見，呈現給幼兒預先準備好的線條教具圖卡，或者名家的畫作來提醒幼兒下一回聽音樂畫畫時，所能運用的簡單線條或符號，並用這些線條與符號來表達聆聽音樂後的感受（圖5-94、圖5-95）。

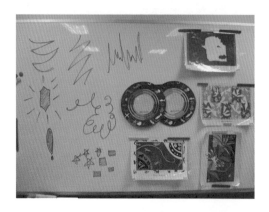

圖 5-94　幫助幼兒體會線條與圖形的藝術作品

圖 5-95　Joan Miró 畫作中的圖形與線條概念

　　利用聽音作畫方式可幫助幼兒們更專心地建構好的音樂欣賞能力。在作完畫後，筆者則利用訪談幼兒的機會，再一次利用類似且具對比特性的音樂（布蘭詩歌──Tanze），讓受訪孩子配合緞帶之操弄再做一次身體的律動，結果發現幼兒的律動表現與音樂的契合程度較先前來得有進步。

✦✦ 二、孩子特殊行為的輔導

　　此外，在音樂律動過程中，幼兒常會有許多特殊行為的表現，而干擾課程的正常運作。Pica（1995）提到干擾性行為是孩童引起大人注意的一種策略，Essa（1995）及 Miller（1995）也同意，只要它引起的干擾性不大，忽略此不當行為不失為一種好的方法，但是若干擾行為會造成傷害或課程無法持續進行，則必須被立刻制止。制止時通常給予溫和但語氣堅定的警告，如用眼睛注視孩子、保持和幼兒談話的身體高度以及適當的身體接觸都是不錯的方法。

　　為建立並維持一個正向的學習環境，遊戲規則的訂定是必要的。因此，當學習者表現出許多干擾學習的行為時，就必須被規範，如：暫時取消學習權益、做臨時的觀眾在旁邊欣賞他人表演、做遊戲的領導者或請他扮演一個說故事的人等方式，重要的是，教學者對既定的規範原則必須加以堅持。

✦✦ 三、教室空間的安排

　　由於幼兒空間知覺能力不足，再加上對身體的控制能力尚未發展完全，因此，常造成教室中太多的奔跑、大喊、大叫或肢體衝撞，尤其是在自由舞動的時間中，教室規則完全不見了，幼兒也因此無法聽到音樂中所強調的元素特性，而失去了課程的目標。筆者發現運用各種大型的鼓來規範出舞動空間是較佳的做法，因為它提供幼兒一個較明顯且具體的界線範圍，讓幼兒在活動過程中能直接目視到活動的區域（圖 5-96）。

圖 5-96　利用大型鼓類樂器做空間規範

貳、實施藝術討論的形式與挑戰

在社會化心智思考的形成過程中，語言扮演非常重要的角色，因為語言是我們與他人進行心智溝通及互動的途徑，更是思考的必要工具（Vygotsky, 1978）。鼓勵三至五歲幼兒欣賞和使用語言文字是最佳時機。當幼兒在進行律動時若能鼓勵幼兒使用敘述性的文字，則能確保幼兒在五歲以前逐漸以自己的方式和語言形容自己的動作、位置和造型。而隨著語彙和自我表達能力的增進，這個階段的幼兒很願意在律動活動中加入自己的意見（Pica, 1995）。

教師在引導幼兒音樂律動學習時，若能經常透過相關的藝術語彙與幼兒進行討論，如：節奏、音色、旋律、上下左右空間、大小力量……等與元素相關的詞彙，在一段時間後，當老師無意間聽到幼兒使用藝術語彙來討論自己和他人的創作時，便知道自己對藝術討論的示範已經形成影響了。

至於「藝術討論」的進行則常發生在探索活動、教師引導元素探索的過程，以及每堂課程結束後的團體討論中，譬如：在以「對比」元素作為探索主軸的活動中，筆者便試著整理出與「對比性」相關的詞彙，如：請你走 S 型軌跡或走鋸齒型軌跡來與幼兒進行溝通；也可以在活動中介紹身體側邊的概念，像是請幼兒只動一邊（左或右）的肢體，都是運用藝術語彙與幼兒進行藝術討論的方法。

教師引導探索語彙：「現在你手上有一條魚，想像你是一條魚在魚池內游泳，牠會用 S 的形狀來游泳，請你在地板上走出 S 的路線。」（圖5-97）

圖 5-97　想像你是一條魚用 S 型軌跡來游泳

　　在此活動中，我首先讓孩子一位一位做自我探索，其他孩子則在旁邊做觀察，因為觀察是思考自己動作的前導，能仔細觀察他人動作表現者，較有能力思考並修正自己的動作。而加入魚形道具的運用，可誘發孩子進行動作探索之動機，同時以此道具鼓勵孩子想像魚兒游泳的路徑。（教學省思日誌，2005/02/05）

　　教師引導語彙：「想想看，有什麼動物或人物角色是走鋸齒型的方式來移動身體？」（圖 5-98）

圖 5-98　用鋸齒型移動身體

　　在此探索活動中，筆者發現鋸齒型的空間軌跡之行走動作發展應在曲線之後，因為幼兒對有角度的地板軌跡較不易掌握行走的動作，或許走鋸齒時，須有一個轉彎後再走的過程，此過程所牽涉到身體平衡感的發展更多，對五歲幼兒而言有些困難。因此，筆者運用口訣方式來引導幼兒走鋸齒型軌跡的效果相當不錯，如：「123 轉彎，123 轉彎。」

　　在軌跡的練習之後，接著再請幼兒練習分別用身體對立的兩邊肢體（上／下，左／右）做出相反的動作。在探索「上」「下」「大」「小」的身體概念時，不仿鼓勵幼兒加入想像力進行聯想，如：

- 用你的身體告訴我，上和下指的是什麼？
- 盡量將身體往下蹲，可以蹲得低低的？
- 感覺一下身體半蹲的時候是什麼樣？
- 把你的身體縮得像一顆球，愈小愈好。
- 把你的身體縮得像瘦子一樣瘦（圖 5-99）。
- 把你的身體變得像巨人一樣得高。
- 把你的身體變得像胖子一樣胖（圖 5-100）。

圖 5-99　身體縮得像顆球

圖 5-100　變得像胖子一樣胖

　　為了建構更具挑戰性的活動，筆者則不斷思考在一般性肢體探索中加入更複雜的元素，看看幼兒是否能接受這樣的挑戰？譬如：在幼兒探索對比性肢體造型或動作外，適時地加入空間軌跡的範圍或者身體力量的變化，筆者認為這是一種鼓勵幼兒在有限制的情境下移動的方式，可以增進幼兒的推理性思考技巧。例如：請你用身體想像機器人走鋸齒型軌跡的樣子、請你想像自己是一個懶骨頭並做出身體鬆垮垮的樣子（圖 5-101）。

圖 5-101　想像自己很累的樣子，你好想休息一下

　　但是，在引導幼兒探索「懶骨頭」的動作特徵時，發現幼兒有其特有的肢體表達形式，而其主動用身體詮釋他們對懶骨頭的理解與認知的表現是應該受到鼓勵的。為了進一步提供幼兒更具體的線索去思考，筆者除了運用藝術語彙，如：想像當你身體很累很累的樣子之外，並利用具體的牽線玩偶道具，為幼兒們說一個有關懶骨頭的故事，希望幼兒在操弄過道具偶之後，能比較理解身體懶洋洋的感覺（圖 5-102）。在觀察與操弄之後，接著，筆者帶著幼兒們在主題音樂的引導下，一起體會身體關節一節一節放鬆的技巧，以協助幼兒了解全身關節的位置，並增進幼兒對身體的知覺程度。

圖 5-102　利用牽線玩偶幫助孩子體會鬆鬆的身體感覺

在課程建構歷程中，老師的角色除了擔任引導者之外，還必須視情況需要隨時調整角色，如：協助者、促進者及資源提供者，適時地提供適切的材料或道具，以刺激學習者的意識與覺醒，讓學習者隨時與相關的媒材進行「對話」，讓學習者透過感官與所感知的內容進行直接溝通（Waite-Stupiansky, 1997: 169-170）。

有關藝術語彙運用的挑戰方面，筆者在引導協同教學者與幼教教師與幼兒們進行藝術討論的過程中，參與者也反映出藝術討論的概念較難以理解，在整理老師們的回應報告中，發現筆者與幼教老師們共同對藝術討論的困境多集中於以下兩點。

✦✦ 一、缺乏對藝術討論的美學思考

由研究者與幼保科學生以及與現場教師互動過程中，發現其實老師們在進行藝術討論方面的能力是非常薄弱的，也許這是幼教老師們不敢輕易嘗試音樂律動教學的主因。藝術討論是一種針對藝術創作品的美學思考，更是培養藝術世界中師生對話的基礎。但是，基於抽象的藝術討論形式，許多幼教教師無法明確地將所思考的內容，用具體的語言表達觀點，以下是幼教教師在與幼兒互動後的想法：

> 「雖然藝術討論是一種美學的思考方式，但在活動過程中老師會問我們這首古典音樂是誰的作品時，往往不知如何回答。而最困難的是，老師所播放的音樂給我們的啟發性是最不容易表達的。」（協同教學者教學省思紀錄，2005/05/25）

> 「在進行藝術討論時，最困難的部分就是無法和孩子說藝術的種種，藝術討論大多過於抽象，我很難跟小朋友表達明確又明白的觀點。」（幼保科學生教學省思紀錄，2005/05/25）

由老師們的反映中，可以歸納出老師在藝術討論所遇到的困境多因為聆聽音樂類型的經驗不足，缺乏足夠對樂曲的認知，而導致藝術鑑賞能力

低落。因此，將音樂欣賞課程列入通識教育內涵，是幼教師資培育者可以考慮的部分。

✦✦ 二、缺乏藝術語彙概念以引導孩子們進行探索

由於豐富的藝術語彙取決於教師本身是否具備豐富的藝術素養，因此，藝術討論困境的發生，多半因教師本身藝術素養以及帶領討論的經驗不足所致。總之，一個具備豐富藝術素養的教師，方能具備豐富的藝術語彙來引導孩子進行深入的探索。許多幼教教師在參與研討會後，表達他們缺乏音樂概念，無法具體地用語彙形容對音樂的感覺。

「為了給孩子更多想像與探索的空間，教師的藝術引導很重要，就像一位不斷邀請客人進入的主人。但是引導時，尤其在開頭的地方，很難引導孩子邊跟著玩，邊創造新的表演想法，再加上教師本身音樂基礎概念缺乏，所以用語彙引導有困難。」（現場幼教教師教學省思紀錄，2004/06/19）

「我先讓小朋友觸摸布的質感，然後再和孩子們討論布的質感，我覺得這樣可以讓小朋友比較了解布的屬性，再利用不同屬性的操弄方法讓幼兒更了解不同的布。但是要如何針對布的屬性來進行討論覺得有困難，這是我比較需要加強的。」（幼教教師教學省思紀錄，2004/06/19）

由上述回應中，筆者體認到藝術素養對老師的重要性，同時對教師們在引導藝術語彙進行討論的困難感同身受，因此，如何加強教學者藝術討論的能力是往後師資培育課程建構歷程中，需要不斷思考的問題。

參、研究者扮演多重角色的挑戰

由於研究者本身為教學者、輔導者及資料蒐集者，加上音樂律動的教學須準備相當多的樂器、道具或音樂，在研究過程中又必須關注錄影的現

況及隨時拍下有意義的相片，作為課後分析之參考。對研究者本身而言，更大的考驗在於探索教學歷程中，幼兒不論參與討論或活動常會出現相當多的狀況，必須教師給予適當的輔導。因此，在必須兼顧教室管理、器材準備與發放、資料蒐集及臨時教室狀況的掌握與應變處理等多重角色之下，常讓研究者感到身心匱乏。但也因此讓研究者不得不深入思考，如何運用教室經營策略？如何強化幼兒專注學習的毅力？如何善用能力較佳幼兒的領導能力？如何強化幼兒本身的自我管理與省思的能力？

　　針對觀察記錄幼兒探索行為方面，雖然自己受過幼兒發展以及觀察評量等方面的專業訓練，但是要了解幼兒在進行音樂及肢體律動創作時，我覺得自己在觀察和記錄幼兒的學習成效上並不如預期，也許藝術方面的觀察與記錄尚須不斷地學習，才得以理解。因此，筆者告訴自己要不斷持續了解並學習去讀出幼兒在音樂律動表現中所要表達的聲音，尤其如何詮釋幼兒上述表徵符號語言的能力須多努力。

　　由於本身要做課程設計、執行課程教學、修正課程、課程及探索行為記錄逐字稿，又必須隨時寫省思日誌、訪談記錄、謄寫訪談逐字稿、分析相片檔案以及回應幼教教師所寫的省思紀錄，許多事情糾結在一起，又必須同時在一週時間內完成才能進行下一週的研究循環，因此常陷入蠟燭兩頭燒的困境。

　　為了解決上述困境，筆者不斷閱讀與教室經營理念相關的文獻，希望能幫助自己獲得教室經營策略與技巧。此外，強化自己做研究的能力，如運用數位媒體記錄資料的方式、運用問題解決策略同一時間同時做兩件事情，此外，強化藝術討論的能力以及運用協同教學策略，均有助於解決同時扮演多重角色的困境。

　　一個主題探索的目的，雖然是在創造一個師生共同經營課程的環境，使彼此能具備透過表現、溝通和認知的語言，建構思考能量的能力。但是更重要的是，研究者必須認知到幼兒在歷程中不是孤獨的探索者，相反地，幼兒的感官和心靈，需要共同建構者的適時引導才能見到次序和改變，並發現新關係的意義。

6 結論與建議

第一節 結　論

壹、幼兒是小小音樂探險家，他們喜歡運用音樂、韻律、畫畫線條和語言，來表徵人物、事物和事件並賦予它們意義

✦ 一、主題探索中，幼兒的符號表徵學習

　　經由象徵符號化的循環歷程，會加深幼兒的反省性抽象思考及其後設認知，這些能力是幫助幼兒達到高層次思考的途徑。幼兒們更透過各種符號表徵活動來組織並表達出他們的生活經驗，同時透過「符號表徵」進入另一個想像的世界（Dyson, 1990）。

　　Dewey（1934）視藝術是經驗特質，藝術經驗來自於人類與環境互動的日常生活中，而經驗的美感特質是重要的教育價值。此外，豐富且多樣的藝術媒介，均可提供幼兒不同物理和視覺的探索經驗（Golomb, 1974, 1988; Smith, 1979）。

　　本研究之探索歷程中，提供了非常豐富的情境以及物品，讓幼兒們能夠加以操弄、觀察與記錄。而這些實際的情境、觀察記錄不但增進了幼兒的經驗美感價值，更協助幼兒建立邏輯思考的概念，發展自己的表演藝術特質。教師在互動過程中，實際了解幼兒對各種事物的認知與符號表徵的轉化過程，且進一步認識幼兒的創作表演與思考的形式，並針對不同的探索主題與階段提供更適合、更具激發性的教學資源。譬如：一些名家的畫

作、具體的視覺象徵物,藉由視覺圖像誘發教師與幼兒之間更多的「對話」機會,這項做法正符應 Simpson（1996）主張讓藝術教室內能充滿進行資料與學習者經驗連結的機會。

總之,藉由更廣泛藝術領域的觀賞經驗,引導幼兒超越音樂與舞蹈的表演藝術領域,讓更多人文藝術的知識深入幼兒的探索世界,這些佈局除了能增進幼兒的藝術思維外,更能超越過去模仿藝術風格的學習形式,並鼓勵幼兒能運用更多形式的符號媒介來進行創作。

✦✦ 二、主題探索中,幼兒音樂概念的學習內涵

（一）對比概念

文獻指出,幼兒的音樂概念發展是由與成人在音樂環境之互動中出現的,成人需要幫助幼兒由複雜的經驗中注意特殊概念,而「比較」便是一種幫助幼兒釐清概念的方法（Sims, 1993）。而在區辨對比性方面,幼兒擁有極佳的能力能區辨各種聲音的不同,也能說出聲音的差異,如:吵雜與優美的聲音、快和慢、長和短的聲音（Dunne-Sousa, 1990）。本研究中,「對比」是行動研究歷程中首先持續探究的音樂概念,在不同主題中筆者幫助幼兒們由比較空間的各項對比,進而認識音色、音量之大聲與小聲的差異。研究中發現,對幼兒而言「對比」的音樂概念比相似性的音樂概念更容易辨別,而差異性大的對比要比漸進式的對比更適合幼兒的學習。研究結果發現,幼兒可以透過連續性的活動,學習區辨音樂的對比性,對三至六歲的幼兒而言,給予音樂要素以培養幼兒對音樂對比性的概念是可行的。此項結果正符應 McDonald 和 Simons 從探索的觀點提供音樂上音色、力度的對比概念是適合較年幼孩子學習的元素,而讓孩子探索音色與力度對比的經驗要比和聲與曲式的活動更適合較年幼的幼兒（McDonald & Simons, 1989）。基於建構論的觀點,音樂概念的獲得必須由幼兒的親身體驗出發並輔以教師的鷹架架構,方能形成高層次之認知歷程（吳舜文,2002）,所以教師在設計課程時,須多注意由部分概念到整體概念形成的知識建構層次（Alvarez, 1993）。筆者認為對比性音樂概念的引發尚須依賴與成人或團體互動而獲得,教師若能適時地運用創造性、主動性及高層策

略更能有效提升幼兒的音樂概念發展。

（二）節奏型概念

　　本研究第二個持續探究的音樂概念是【ㄊㄚ ㄊ ㄊ ㄊㄚ ㄊㄚ】的節奏型概念。針對幼兒的教學，老師須先建立其穩定的節拍概念，接著再進入節奏型的練習。研究發現，幼兒在持續透過各種不同形式的音樂操弄經驗之後，對於掌握節奏型的能力獲得增強。

　　Piaget 認為：心智上的「可逆性思考」對前操作期的幼兒來說是困難的，雖然可透過反覆敲擊某種節奏型之頑固伴奏來練習，但是，幼兒很難理解何種模式是節奏反覆時的開端（Kamii & DeVries, 1980）。譬如：本研究中所設計的【ㄊㄚ ㄊ ㄊ ㄊㄚ ㄊㄚ】節奏型，孩子容易將【ㄊㄚ ㄊ ㄊ ㄊㄚ ㄊㄚ】的模型分割成【ㄊㄚ ㄊ ㄊ】和【ㄊㄚ ㄊㄚ】二個部分。根據 Piaget 的說法，他認為在此節奏型上，因孩子為了比較整體與部分的不同，必須在同一時間做出兩個相對的心理活動——亦即將整體分割成兩個部分，再將兩個部分結合成一個整體，此種活動對一個四歲幼兒來說較無法做得很精確（Kamii & DeVries, 1980）。

　　雖然，幼兒缺乏對節奏的整體性思考能力，但是 Alvarez 卻認為音樂概念應建基於音樂理論之上，概念的形成可透過不同的方法，而直接的教導對幼兒的音樂概念發展，並非一種有效的方式，因此，他強調老師在教導節奏時，可以透過各種策略，如：運用樂句探索、律動、歌曲、合奏或音樂遊戲方式來聚焦於一個節奏型概念（Alvarez, 1993）。本研究則根據 Alvarez 的建議，讓幼兒在各種不同的經驗下，不斷重複某一個節奏型的學習。研究結果發現，經由節奏模仿、身體節奏互動、以視覺物強化節奏型概念、在樂器上敲打節奏、合作性遊戲之節奏型建構歷程後，幼兒們對該節奏型由原本的生疏，漸漸地熟悉，並能在創作活動中，自然地做出該節奏型。研究顯示，幼兒在持續透過各種不同形式的音樂操弄經驗之後，對於掌握節奏型的能力獲得增強，此項結果與 Moorhead 和 Pond（1978）所做的研究相同。筆者認為當幼兒們節奏經驗增加後，未來創作音樂的能力會變得更好，同時更有能力去表達他們的感覺，並發展出更好的音樂邏輯思考以及與人溝通的能力。

貳、以主題探索建構音樂律動課程之經驗歷程，教師則必須是一位具專業模範與專業能力的領航人，其扮演了鷹架幼兒學習的重要角色

✦✦ 一、主題探索中教師的理念與角色

　　以主題探索建構音樂律動課程過程中，教師的理念與角色足以影響課程的品質。邱志鵬（2003：7）認為在主題探索中，幼兒們是創意的水手，他們與領航老師共同譜出主題之旅的「航海日誌」，而航海日誌是一份真實行動紀錄，通常會標出地圖座標與行駛路徑，也會記載整趟旅途中所發生的故事，及執筆記錄老師對故事情節的詮釋及省思。由整個研究中，筆者深刻地體認到一個主題探索歷程是充滿著不可預知的結果，在整個歷程中，必須依靠一位具備深厚學理基礎，以及能根據突發事件，隨時運用適當的問題解決策略以解決問題的領航人，才能將這段探索歷程經營得有聲有色。

　　這段與幼兒共同探究的歷程以及與專家學者進行交談的經驗，讓筆者省思到如何讓自己成為幼兒音樂律動領域的專業引導者，以及藝術老師的角色模範。過去筆者所受的藝術涵養除了使筆者的想法較為自由，此種特質更是一位具全方位能力的藝術教師所應具備的。因此，筆者認為幼教教師若能積極地蓄積自己的藝術能量，不斷地努力充實自我探索潛能，激發自我的討論、創作、思考的高層藝術認知，方能勝任多元藝術教學的重責大任。

✦✦ 二、主題探索中教師的鷹架學習

　　研究發現，在建構歷程中教師若能扮演適度的鷹架角色，可豐富幼兒的探索行為表現。教師可以透過下列三種鷹架作用，幫助孩子邁向最佳發展區：

1 提供豐富多樣的探索素材之環境與材料鷹架
2 運用適當語彙、動作指令及節奏口訣之語言鷹架
3 激發與他人合作進行有意義音樂活動之同儕鷹架

此外，教師在探索歷程是設計對話、豐富藝術探索情境以及與幼兒共同建構知識的創造者；教師還必須常與幼兒合作做決定，藉合作方式融入探索的主題。透過上述鷹架學習，不但幫助幼兒往獨立及較高層次的表現去發展，同時在互動經驗中，幼兒會逐漸地學習內化，重新建構自己的知識。

Vygotsky 的社會文化認知觀點強調，教學無法獨立於教室文化脈絡之外，成功的教學有賴教學者對於教學情境的複雜性有充分的了解，才得以在教學現場進行有效率的教學決策（引自陳淑芳，1998）。從成人鷹架幼兒的研究中，Adachi（1994）認為成人在參與孩子的音樂活動時必須掌握兩項感知的能力，亦即感知幼兒各階段學習特徵以及感知幼兒在學習時間所表現的意圖。DeVries（2005）則強調鷹架學習的最終目的在於培養幼兒的自我規範與主動學習的意願，鷹架過程中，成人必須放棄控制與主導協助的權利，才能幫助幼兒發展內在動機。

「舊經驗」可能是探索學習的墊腳石，也可能成為學習的絆腳石。如果一個學習活動能夠以舊經驗作為學習新經驗的基礎，從評量的角度來看，這個學習便是有意義的。對於「舊經驗」可能影響幼兒深入探索的問題，則更需要老師敏感於孩子的表現能力，並針對幼兒可能受舊經驗影響的探索表現，隨時調整成人的介入程度。因此，如何讓舊經驗成為有意義的學習經驗，是教師鷹架幼兒學習的過程需要深入思考的問題。

✦✦ 三、主題探索中教師的策略運用

探索學習可以讓幼兒在具刺激的環境之中，發揮幼兒本身的好奇、對未知因素的探究動機。但是，即興並非隨意亂做，為了避免讓幼兒在毫無章法之下的自由探索（Waite-Stupiansky, 1997），引導者若能適時地運用激發探索的有效策略，對於培養幼兒連結藝術與探究，以自行建構音樂律動知識的能力將有所助益，這更是成人鷹架幼兒學習的重要策略。

本研究歸納出教師提供幼兒成功音樂律動經驗的方法為：(1)運用「創造性教學」、「刺激主動探索」以及「高層思維」等策略；(2)以提問、聆聽、觀察以及藝術討論方式來激發幼兒的探索慾望；(3)製造幼兒的認知衝突，藉機導引幼兒主動運用心智建構學習的意義；(4)同時幫助幼兒理解「隱喻」的抽象符號之高層表徵思考能力。

研究結果發現，在進行主題探索時，教師的引導、團體討論與分享以及適當策略的運用的確有助於幼兒進入探索的情境之中，亦較能激起孩子主動學習意願、藝術創作的本能以及團體的合作性表現。然而，要提出能引發幼兒進行高層思考的問題並不容易，這對老師而言是相當大的一項考驗，因為好的佈題形式才能協助幼兒創造一種認知上的不平衡狀態，幼兒會因老師所提的好問題慢慢地邁向較純熟的思維模式。

總之，豐富的自我表達性能力，是幼兒未來成為藝術家或藝術欣賞者所必備的特質，而教師適當策略引導，有助於幼兒建構出豐富的表現內涵，此外，透過藝術對話與討論，更能延伸並豐富幼兒的美學概念。因此，本研究歸納未來可運用藝術討論與語彙的形式如下：

1 運用與身體或事物造型、音樂，或情緒對比的相關辭彙進行討論

為了能夠培養幼兒具備未來持續享受藝術經驗的樂趣，鼓勵幼兒參與藝術討論是不錯的建議。老師在進行藝術討論時，可運用下面四大類型的語彙來進行溝通，如：與身體造型相關、與音樂相關、與表情相關以及與事物造型比喻相關的對比性詞彙。

為了培養幼兒在創作音樂律動作品時，能表現出更具美感的藝術形式，筆者認為平日若能多累積幼兒們運用與音樂律動元素相關的語彙能力，除了能強化幼兒對事物外在表徵進行思考的能力外，亦有利於藝術經驗之表達外，同時更是未來形成藝術評鑑能力的基礎。

2 以培養「知覺」的形式進行討論

在培養幼兒藝術評論能力之前，必須讓幼兒獲得更多觀賞藝術的經驗，同時藉此觀賞經驗鼓勵幼兒專注於欣賞他人的表演，並達到心無旁鶩的層次。因此，筆者在藝術討論時，要求幼兒以圓形的討論隊形、以盤坐方式進行討論、聆賞音樂時讓孩子閉眼專注聆聽等方法，其目的便在於增進幼兒專注觀賞他人表演與仔細聆聽音樂的能力。

此外，為培養幼兒將來在觀賞藝術時能有效捕捉美感形式，「知覺」能力的訓練則是相當重要的一部分，而在幼兒們聆賞音樂或動作後，讓他們說出感覺的方式來進行討論，便是一種知覺能力的訓練。

3 以分享他人創作的形式進行討論

發展批判（critiquing）和評價（evaluating）藝術形式的能力應始於幼兒期，如：鼓勵幼兒說出為何喜歡或不喜歡這個作品，批判的能力則包括：請幼兒解釋為何這件藝術品令自己感到愉悅或不開心皆屬之（Waite-Stupiansky, 1997）。因此，發展幼兒的批判能力，運用藝術形式中評論他人創作的方式是不錯的方法，基於此，幼教老師的角色便在於為幼兒搭建一個能培養高度批判的鷹架，引導幼兒共同分享彼此的創作，並尊重與接納幼兒對他人作品的不同觀點。

此外，培養藝術分享之前，幼兒便已獲得觀賞藝術的經驗，由於觀賞表演需要壓抑會分心的活動，故可藉此培養幼兒專注於人的表演，並達到心無旁鶩的層次，亦能提升幼兒對美感的體驗。

✦✦ 四、主題探索中，研究者的挑戰

以教師為研究者建構音樂律動課程，筆者所面臨的挑戰包括：「教室的經營」、「藝術討論的實施」及「扮演多重角色」等三大方面。教室的經營方面，筆者所面臨的挑戰包括：(1)討論與聆賞音樂的引導；(2)幼兒特殊行為的輔導；(3)教室空間的安排等三大方面。為解決教室經營的挑戰，筆者所運用的策略如下：(1)引導幼兒專注聆賞音樂時，可透過「圓形」隊形的安排以及閉眼、盤坐建立音樂欣賞的習慣；(2)運用「五階段音樂教學法」亦可強化孩子專注聆賞音樂所要表達的意義與內涵；(3)運用各種「圖形板」強化幼兒對空間的具體認知；(4)對於干擾性行為，教師必須視情況適時建立遊戲規則，且對既定規範堅持到底；(5)對較大的活動空間，可以運用大型樂器來規範舞動空間，提供幼兒明顯具體的界線範圍。

在藝術討論的實施方面多發生在：(1)教師缺乏對藝術討論的美學思考，以引導幼兒進行探索；(2)教師缺乏藝術語彙概念，以引導幼兒進行探索。由現場教師所給予的回應中，亦發現藝術討論以及藝術語彙的運用對老師實施藝術教學是很重要的能力，因此，加強教學者藝術討論的能力以及提升教師的藝術素養，是往後師資培育可以努力的部分。

綜合上述，「建構理論」的提出讓人們從一個嶄新的角度去思考的形成方式，將建構理念運用於教學更是不可抵擋的教育趨勢，但是對目前所進行的教育實踐或改革而言，可說是一大挑戰。本研究以音樂律動領域為主，探究建構理念運用於此教育課程的歷程雖有成效，但伴隨而來的挑戰與限制，更是師資培育之推動者必須誠心面對的，如此，方能有助於建構教學理念的扎根並落實於教師的教學實踐中。

第二節　建　議

根據以上結論，本研究最後提出對教師角色扮演及教學實施、對幼稚園、對師資培育機構以及對未來研究等四大方面的建議如下。

✦✦ 一、對教師角色扮演及教學實施的建議

（一）建立良好的教師角色

引導者是課程的關鍵人物，其重要性不僅在於具備歌唱能力、樂器演奏能力和舞蹈技巧，更重要的是本身須具備一種吸引孩子的力量，這種吸引力並非妝扮得很出色或身著華麗服裝，而是一種由內散發出來的開放、愉悅、接納的身體語言，以及在唱歌、演奏或動作中所展現的個人特質（李宗芹，2002）。因此，引導者應隨時注意個人的特質與身體語言所傳遞出來的特有訊息，當一個人完全融入音樂中，並跟著自己的想像舞動時，其身體所散發出來的獨特訊息絕對能感染到幼兒的表現，同時能吸引幼兒的目光，並激發幼兒自由創作與舞動的慾望。此外，引導者的全心投入，對幼兒的知識建構確實有相當大的幫助。因為全心投入，教師較能認同幼兒的好奇心；也因為全心投入，教師較能重視與支持幼兒的探索潛能。

基於此，引導者若能建立良好的教師角色，表現高度的尊重與認同，對幼兒的創造表現有極大的幫助。進一步而言，引導者個人獨特的演奏、演唱或律動的特質，以及欣賞與接納幼兒表現的心胸，對幼兒在探索歷程中的表現有相當的影響。引導者必須擁有較幼兒更豐富的想像力、創意與

即興的能力，歷程中語彙的引導、元素的掌握以及認同幼兒具有共同合作建構知識的能力，也是教師在建立適當角色過程中必須多努力的部分。

（二）加強藝術討論的能力

豐富的自我表達性能力，是幼兒未來具備藝術涵養以及成為藝術欣賞者所必備的特質；而教師適當的策略引導，有助於幼兒建構出豐富的表現內涵。建構主義者主張提供學習情境，使新教材與幼兒的經驗基礎產生連結，透過理念連結及學習者參與討論，最佳的學習得以完成。因此，藝術教室內應充滿著進行這些連結的機會，而藉由藝術語彙的討論過程則可增加連結的機會。本研究建議在實施藝術活動歷程中，教師可透過藝術對話與討論，並進一步運用藝術語彙、培養幼兒知覺以及評論他人創作等形式進行藝術討論。教師與幼兒的藝術討論活動，亦包含討論幼兒對藝術媒材的興趣與操弄的經驗；他們用布條創作的圖形與想法；他們與布料或樂器接觸的感覺。此外，教師亦可鼓勵幼兒對自己的創作進行命名；引導幼兒運用正確的藝術語彙；協助幼兒為藝術創作找出解決問題的方法等與藝術討論有關的活動。上述做法除了延伸並豐富幼兒的美學概念之外，更能提升幼兒在探索歷程中進行藝術思考的能力。但是，對教師而言，更重要的是，必須深入地了解音樂律動元素的意義，因為元素的概念除了幫助教師拓展音樂律動經驗之外，更能豐富藝術討論的內涵，如此，方能讓藝術討論有別於一般性的團體討論活動。

（三）教學媒材的蒐集與運用

在藝術課程中，非常重視學習者經驗的發展性，而讓學習者透過與藝術媒材的互動，在探索、分析、自我比較、批評與發現中，以達致經驗的發展性。本研究中所指的藝術媒材則包括：各式各樣的樂器、各種材質與不同大小的布條以及教師所採用的各種類型的音樂等，而藝術媒材的運用是否妥當，對幼兒的探索表現具有很大的影響。在「布條探索」的主題中，筆者曾仔細地觀察幼兒在舞動中，如何去感覺布？布如何影響幼兒的身體動作？研究中發現，幼兒因身上這塊布被操弄方式的不同，而產生不

同的舞蹈性格。例如喜歡快節奏的幼兒經常會將布條左右甩動，且力量很大，故意製造像龍捲風的感覺；而喜歡運用流動方式來移動身體的幼兒，則會做出布條飄動的柔軟感，並配合緩慢的動作緩緩地移動身體，譬如將布條做成披肩，想像自己是一隻蝴蝶般地舞動身體。由上可知，舞蹈環境中有了物的搭配，會對舞蹈的表現產生影響，它可能引發更多的探索，也可能讓舞蹈表現受到限制。因此，提供豐富、多元且操作容易的器材，可以讓幼兒享受由成功攜帶物體律動的信心，這種自信可以鼓勵幼兒繼續發展更複雜的動作技巧。因此，教室中若能預備不同材質與大小的布條，除了可以引發孩子表現其特有的舞動性格之外，老師還必須敏感於這些素材可能對幼兒產生的種種限制，並適時地輔導幼兒能成功地攜帶物品來獲得肢體舞動的良好經驗。

　　在資源蒐集部分，有許多幼教老師反映園所的可用樂器資源相當貧乏，常導致因樂器不足分配而引起的爭吵。在建構課程的歷程中，筆者不斷地思考如何擴展老師們運用現成資源的能力。經由樂器探索主題課程實施後，筆者建議老師們應盡可能：(1)由自然環境中蒐集，如石頭、貝殼、松果、椰子殼、木頭……等各種會發出聲音的克難樂器；(2)由園所的廢棄物品，如廢棄的鐵鋁鍋、鏟子、塑膠碗盤、筷子、塑膠桶、鍋蓋中……，找出可做資源再利用的東西；(3)由市面上隨手可購得的物美價廉的童玩樂器或日常生活用品如：塑膠洗衣板等；(4)自製克難樂器或利用簡易衣架組裝的綜合性克難樂器等都是可思考的現成資源。

　　此外，一位建構教學的教師必須隨時充實教學的各項媒體或圖書資源，以便因應教學歷程中突發的需求，讓建構的內涵與層次能隨著幼兒的探索而不斷地提升。

✦✦ 二、對幼稚園的建議

（一）在幼稚園內設立教學資源中心

　　一個探索性資源與媒材豐富的藝術中心，能鼓勵幼兒盡情享受生活中的藝術，持續建構自我探索性的藝術知識，同時發展幼兒的美學概念、美學技巧以及對藝術的知覺能力。建議幼兒園所在經費充足之下，可以成立

一個音樂資源中心（music & movement learning center），在此中心除了地板教室設計外，還可以充分地安排與佈置許多音樂律動的資源，包括：提供幼兒聽、唱、演奏樂器以及戲劇表演的環境，讓幼兒們可以獨自探索、自己做決定、自由探索各種樂器的音色、旋律、節奏。譬如為孩子佈置一張「唱歌的椅子」，如此可以營造一個舒適的唱歌氣氛；或在書架上擺上歌曲集、圖畫繪本，也可以幫助孩子邊唱歌、邊閱讀，進而創作歌詞。

資源中心的樂器室可以選購一些無音高的節奏樂器，讓幼兒探索各種不同的聲音，比較聲音的相似性或對比性，而 Orff 樂器則可以作為五聲音階練習之預備以及音階之探索。假使經費許可，準備一些民族特殊的樂器，如：原住民樂器、非洲打擊樂器或其他民俗樂器，則可以擴展幼兒的多元文化經驗。除了樂器之外，適用於各種不同年齡層聆聽的音樂以及不同文化特色的音樂，可以提供老師設計一整年的活動，至於音樂類型方面，由巴洛克到二十一世紀的音樂都是值得取材的。

此外，輔助學習的道具或其他可以引發探索興趣的素材都是可以準備及提供的。更重要的是，在此多功能的中心，可以讓園所進行各項藝術整合性的活動，譬如：以戲劇統整各方面的學習，讓幼兒有一個特別的場所可以展現他們在藝術領域學習的成果。總之，當一個大型的藝術平台被提供，可能呈現的便是幼兒藝術的多元，而幼教老師也能因此獲得更多激勵，去針對藝術活動做更多引介，對於建立幼稚園藝術生活能形成良性的循環與刺激。

（二）整合多元領域的專家資源，以學習型組織的團隊合作形式來提升幼稚園的藝術教育

由於幼稚園中的藝術課程常被才藝教師所取代（許錦雲，1999），在黃麗卿（2002）針對幼稚園實施才藝課程現況的訪談中，發現才藝教師雖具備藝術專業，但卻對幼兒發展與幼教教學方法一知半解，而當才藝教師從事多年才藝教學工作之後，亦多表現出職業上的倦怠及內在不安定的感覺，更有才藝教師們提到希望有機會能提升自己的專業層次。因此，園所若能把握這群擁有藝術教學專業的教師，並以「駐園藝術教師」的營運方向來做努力，與幼教師進行協同教學，重視全園的藝術境教發展，如此

185

的做法才是幼兒們的福氣。另外，值得推廣的是所謂「幼兒藝術村」的概念，亦即在一個社區內由數個園所自然地形成一個教學網絡，協同各個園內具有藝術或其他才藝專長的教師們共同研究、以互動式相互支援彼此的教學，必要時亦可聘請駐園藝術教師定期地舉辦教學觀摩及研討，與各個園內幼教師共同獲得專業成長的機會，並創造一個「幼稚園社區化」的教學網絡系統。

雖然，我們不斷地呼籲將教學的權利還給幼教老師們，但因受限於專業訓練的不足，除了建議師資養成機構未來應多重視幼教老師藝術專業的培養之外，藉重具備藝術或其他才藝專長的教師來幫助幼教老師在藝術領域的專業成長，同時鼓勵藝術專業教師亦能充實本身的幼兒發展理念與幼教課程與教學法，是筆者認為未來幼稚園在提升教師音樂律動教學專業成長時可以努力的方向。因此，整合多元領域的專家資源，以學習型組織的團隊合作形式來提升幼稚園的藝術教育，是解決目前幼稚園才藝教學的可行方法。

總之，未來「駐園藝術教師」可以扮演著參與幼稚園藝術氣氛塑造的角色成員之一，鼓勵他們參與幼稚園藝術課程之訪視、建議，與老師進行協同教學、諮商與討論以彙整彼此想法，與幼稚園共同推動藝術教育等，因為這種參與可以為幼稚園注入集體思維、集體創作的能量。此外，建議未來幼稚園必須由日常生活現實來考慮園所的藝術發展，讓藝術課程更符合幼教中藝術生活的主張，讓藝術成為幼兒生活中的一部分，而不是須耗費時間與精神，只做孩子藝術作品典藏、展示，或在父母親面前展現學習成果而已，而是讓幼兒在日常生活中，隨時能觀看藝術、欣賞藝術、玩藝術，真正地在現實中落實藝術教育。

✦✦ 三、對師資培育機構的建議

（一）在幼教師資培育課程中，增加藝術課程與教學的比例

在幼教師資培育課程中，建議除了開設與幼教課程中強調藝術教學的課程模式，如：Reggio Emilia 課程、High/Scope 課程、Waldorf 課程

外，若能以一定比例的時數加入 Orff 音樂教學、Kodály 音樂教學、Emile Jaques Dalcroze 音樂教學、Laban 創造性肢體訓練以及藝術鑑賞課程等，那麼幼教教師的藝術素養，設計幼兒藝術課程及帶領孩子從事藝術討論的能力必能獲得提升。當未來幼教教師的藝術教學與研究能力提升之後，才能真正結合藝術與幼教課程模式，發展出更適合幼兒的幼教課程內涵。

（二）在音樂與舞蹈之藝術領域科系中，增加幼兒發展與幼兒音樂律動教材教法之課程

為了讓有興趣從事幼兒階段音樂律動教學之藝術專業教師亦能具備幼教概念，以提升駐園藝術教師的幼教教學專業。建議在音樂與舞蹈之藝術領域科系中，增加幼兒發展與幼兒音樂律動教材教法之課程，或鼓勵對教育有興趣之藝術系學生主動接受教育專業課程之訓練，讓未來幼教與藝術教師能共同研發出更適合幼兒需要的音樂律動教材或相關的研究。

（三）鼓勵師培教師進入幼教現場進行臨床教學研究

本研究所提供的重要的價值在於，擔任師培的教師親自進入幼教現場進行臨床教學研究，從與幼兒實際互動中，經驗並體會音樂律動課程在現場的適用性，在往後教學時有更具體的實例與學生分享。師培教師若能運用臨床教學，並適當地運用學生作為協同教學者，除了分擔教學與研究工作外，更能幫助學生由觀摩中獲得深度的學習效果，尤其協同教學者在教師身教的影響下，更具體且清楚地理解到如何與幼兒互動學習。

（四）多舉辦國內及國際幼兒藝術教育研討會或工作坊

在國內外研討會或工作坊中，邀請幼稚園之實務工作者以及幼兒藝術研究專家學者共襄盛舉，共同努力發表幼兒藝術教學相關之研究，或共同專研幼兒藝術教學實務課程，以結合研究者與實務工作者的智慧，共同解決目前幼稚園以才藝教學窄化幼兒藝術教育的問題。同時，藉由國內外學者與實務工作者的經驗分享與省思檢討，共同為國內幼稚園藝術教學發展出適當有效的專業整合方式，並描繪出未來幼稚園藝術教育之新藍圖。

✦✦ 四、對未來研究的建議

(一)進行建構理論與藝術課程與教學之相關性的研究

　　建構理論為課程與教學帶來新的思維，它建議將教室主體重置於學習者，視幼兒為學習的核心，並重視經驗與個人內在價值的開展。若從建構理論的特性來看藝術教學與藝術經驗之間的關係，建議未來可根據Vygotsky 所提出的「鷹架觀念」與「社會互動理論」進一步研究建構理論與藝術課程與教學之間的關聯性：

1 從鷹架觀念探討教師音樂律動的教學

　　在鷹架觀念中，教師與同儕扮演著非常重要的輔助角色，尤其當幼兒嘗試去完成或解決一個超越其現有能力的目標時，更需要教師適時調整鷹架以協助幼兒建立音樂律動學習能力，以提升幼兒音樂律動的概念發展。建議未來可根據本研究所提出的各項挑戰，尋找更有效的方法以鷹架幼兒的音樂律動學習。

2 從社會互動理論探討教師藝術討論的實施

　　社會互動理論強調情境脈絡影響學習成效，認為個體思考和文化關係，以及人際互動會影響其高層思維能力的發展。為提升幼兒高層思維能力，建議教師在實施藝術活動的同時，可進一步研究如何運用導引、支持、挑戰、指示與激發等方法，幫助幼兒在已知與未知之間建立一座橋樑，以提升幼兒的藝術討論能力。

(二)行動研究運用於藝術課程建構之可能性

　　以行動研究方式來探究藝術課程之建構，不但能提升藝術課程的品質，更能強化教師的藝術教學專業。建議師資培育機構之教師以及幼教現場教師積極從事與藝術課程相關的行動研究，以提升教師的藝術專業思考與教學的能力。學校或園所主管亦應多鼓勵教師從事藝術課程與教學之行動研究，以提升學校或幼稚園藝術課程之教學品質。

（三）善用「學習社群」的觀念，發展合作性研究模式

建構論主張善用「學習社群」的觀念，因此，未來可進一步地運用「合作性探究」方式，以結合現場教師的協同行動研究來發展一套更適用於現場教師教學的音樂律動課程模式，並藉此研究進一步了解現場教師在實施音樂律動教學方面的各種困境，以作為未來協助教師專業成長的理論基礎。譬如：以「駐園藝術教師」參與幼稚園藝術教學，協同幼教教師從事藝術教學專業成長的行動研究，是可行的研究方向。

（四）發展師培機構與藝術專業社群建教合作模式之研究

為了建構「專業的幼兒藝術教育」，學界與業界應思考各種合作模式，以共同提升教師的專業成長。如：結合師資培育機構、藝術專業團體與幼稚園三者之師資、設備及其他資源，以建教合作或協同教學研究模式，共同建構一個長期培訓的師資藝術專業成長方案，以促成其他學術領域與幼教界合作，並發展出與幼兒音樂律動教學或幼兒多元藝術相關的整合型研究。

189

第三節 「行行重行行」——行動研究的省思與再思

「當初會想做行動研究，有主觀的原因，也有客觀的基礎。主觀的原因是我一直在追逐一個夢，而這項研究是實現這個夢的一部分。」成虹飛（1996）老師這段話引發個人深刻地思考到自己原來也一直在追求著這樣一個能實現夢想的研究，而經過這段與孩子們共同走過的藝術之旅，筆者發現自己不論在教學者角色、課程設計者角色和研究者角色部分都有相當程度的成長。在研究過程中，反覆地思考及隨時與理論對話的經驗，更幫助筆者獲得未來兼顧研究與實務教學的能力。

筆者在過去建構一套新課程可以形容是「一廂情願」的做法，只要自己滿意課程設計的內容，再加上現場的實驗教學並修正課程之後，便認為課程是對幼兒有益的，但過程中卻發現太偏重教學者的主導性，而完全忽略孩子是可以共同建構課程的夥伴。其實，建構課程應該是教師與每一位幼兒一步一腳印共同發展，教師與孩子兩者都是肩負著對課程建構成敗的

功臣。整體而言，從課程草案的擬定、實施教學、師生的討論與省思、修正課程、再省思、再修正的行動研究歷程之後，筆者發現要建構一套具適用性的課程著實不容易，這段歷程走得十分艱辛。

壹、曲折的開端

「曲折的開端」是筆者在行動研究最初階段的心情寫照。剛開始對建構教學的理念一知半解，尤其是如何將理論實際轉化成教學行動的概念相當模糊，但是在擔任各種研討會講授音樂律動的過程，的確幫助自己在概念的釐清上有相當大的助益。前導性研究階段中，充分地與現場教師的對話是很重要的歷程，而運用課後討論、訪談以及閱讀教師的省思日記是彼此對話的重要方式。

進入正式研究階段後，發現自己陷入了一團資料的迷霧之中，再加上自己對這群參與研究的幼兒所具有的特質以及他們平日與教師互動方式的不熟悉，需要一段相當長的適應期。筆者與幼兒們長時間的接觸後，雖然了解需要給幼兒充分的自我探索時間，以建構屬於他們的知識，但是教師的引導角色若未能發揮，那麼自我探索可能流於毫無意義的時間上的浪費。因此筆者必須不斷地閱讀相關的文獻，來幫助自己掌握較佳的引導者角色，尤其在引導語彙的運用以及引導藝術討論方面，是相當不容易理解，必須長時間地嘗試，才能慢慢建構出來的教學技巧。這段曲折思考的歷程，筆者充分地體驗到建構理論所強調的知識建構與改變以引發個人內在思考，必須透過教師主動及行動中思考方能建構的說法。

針對課程的實施，原先希望在正式研究階段每週進行二次的教學活動，但是在進行一段時間之後，發現一週進行一次教學，並在一週中以：「對幼兒教學 → 錄影 → 轉錄 → 記錄逐字稿 → 寫省思 → 對幼教教師教學 → 輔導幼教師進現場教學 → 幼教師寫教學 → 省思與觀察記錄 → 師生共同省思與討論 → 繼續建構下一主題課程」的工作韻律節奏讓研究者感到相當舒適。因此，筆者只好改變原來的研究計畫方案，維持一週一次教學的方式，而至五月份幼保科學生畢業後，可以騰出更多的研究時間才又回

到原先的計畫，以每週二次教學來進行，期望在較密集的時間下，與幼兒們建立較佳的合作默契，讓課程的延續性能維持得更好。

然而，在實際執行一段時間的行動研究之後，慢慢地形成一個研究的韻律節奏形式時，自己便開始在這個節奏下享受著進行研究的樂趣。尤其讓筆者感受最深刻的是，這種分享式的研究是較能讓研究者與被研究者之間的關係朝「互為主體性」方向發展的方式，這是平等對話的開端，也是彼此共同體驗一段生命歷程的開始。經由行動研究來建構課程，除了讓筆者體會到互為主體的師生關係作為課程進行方式的可能性之外，更開始學習去了解孩子的生活世界，並透過詳實的觀察去領悟幼兒不同於大人的思考方式。

貳、蛻變與成長

「蛻變與成長」是筆者在整個行動研究中為解決教學與研究問題，應用行動研究策略，以實踐力行，精進反省，而後獲得教學與研究實務的智慧及專業成長的心情寫照。在研究歷程裡，腦海中時時思考著「如何進行建構教學的課程設計」、「建構教學與一般教學的不同在哪裡」，「建構教學是否對幼兒的探索行為有所幫助」？為了協助幼兒建立音樂律動的基本概念，筆者汲汲閱讀相關音樂律動領域的專業理論知識，並不時地求新求變，期望在與幼兒共同建構音樂律動知識的同時，除了提升自己的專業能力之外，亦能真正提升幼兒們的探索行為表現。

行動研究策略必須隨著情境的不同或問題的不同，而有不同的策略。為了在行動研究時能以適當的策略來解決所碰到的每一件問題，筆者必須不斷地做記錄與保持登錄心情與想法的習慣。因為利用日記或行動日誌可以記錄下研究者個人的深思熟慮、個人的觀點、個人行程記錄資料，同時藉由日誌的書寫亦可以協助筆者澄清觀念，發展適當的問題解決策略，並定期地回顧檢視行動歷程與結果，而這些都是獲得專業成長的契機。

透過行動研究不但可幫助教師建構教學知識，更能提升教師的專業成長。為了提升教師的專業模範，在進行「布條探索遊戲」的主題時，筆者

發現教師必須同步提升自我操弄布條的創造力，因此，筆者便利用每天中午休息時間練舞，並為自己準備各式各樣的媒材，在不同風格的音樂中自我舞動，除了能保持自己身體的彈性外，自我創發力的提升更是這段歷程中教師專業模範得以發展的關鍵。

　　為了發展音樂教學的專業能力，筆者則運用各種方法來強化自己的理論基礎及專業知識。為豐富教學中音樂運用的多元化，以及擴展音樂性的表現，筆者覺得經常聆聽並深入了解諸如：巴洛克、古典、浪漫及現代樂曲的風格便顯得無比的重要，因為多元化音樂的聆聽經驗能幫助自己拓展音樂類型的選擇範圍。因此，筆者除了養成平日即多欣賞音樂會，或隨時聆聽不同時期、不同音樂風格的音樂帶之外，並隨時摘錄下專家對曲子風格以及音樂結構的分析，希望藉此強化自己音樂上的教學專業知識。

　　這段研究歷程除了強化自己音樂的專業知識，在音樂的運用上，也獲得更深入的思考機會。過去總覺得利用市面上錄製完整的音樂 CD，便可充分地營造愉快的學習氣氛，但是經過這段與孩子們共同探索學習的歷程後，筆者卻體會到在音樂速度無法隨時視教學需要而調整時，是無法配合幼兒的學習速度來進行教學的。因此，筆者開始思考運用較單純的節奏樂器來打拍子或節奏；加強自己在旋律樂器上的彈奏能力；或視教學需要利用剪輯技巧適當地處理音樂結構等。

　　這段成長歷程亦幫助自己理解並思考到「律動中音樂的必要性」問題，因為音樂的運用可能反而妨礙幼兒進行深入探索的可能性。由於音樂在探索活動中的角色，主要扮演引導幼兒進入音樂的想像世界中，但是，音樂也可能影響人的情緒，此種情緒可能會影響身體律動的表現。對於較小的幼兒而言，在活動中給幼兒較少的刺激，比較容易使其專注，因此，沒有音樂的舞動經驗，可以容許幼兒去發現和運用他們的身體節奏。筆者深深地覺得，若該項活動是屬於引發幼兒對自己身體知覺能力部分，則教師應該嘗試讓孩子在無音樂的狀態下來進行探索。上述的領悟，確實有助於教師在教學時，進一步思考音樂在探索活動中所扮演的角色。

參、回首來時路

「回首來時路」是筆者在結束整個研究之後的深刻心情寫照。在這一年的研究過程中，筆者著實在放棄與掙扎之間徘徊。建構教學雖有其迷人之處，但是，由於研究者本身扮演多重的角色，必須同時做教學計畫以及整理與分析教學、訪談或省思紀錄，因此常會有角色上衝突的產生，而這項衝突是想放棄的最大理由。然而，掙扎著不想放棄的原因，在於教學歷程中，常深刻地感受到幼兒們的熱情與投入，也因為和幼兒們相處的愉快體驗，筆者好幾次想放棄教學過程中，還須分心去思考如何蒐集到珍貴的資料，而只希望自己就是全心投入與幼兒們的互動，傾聽幼兒們的話語，或者就是愉快地與他們玩在一起。從幼兒的自發性探索學習中，筆者發現幼兒這項能力的培養是需要教師發自內在更多的關照，以及不斷地激發幼兒的觀察、組織與探索能力，才能引發幼兒學習的共同意識；從教師的引導探索中，筆者發現藉由引導音樂律動的創作活動，可以幫助老師不斷發掘問題的解決方式，更接近幼兒的思考，並學習以更貼近幼兒的方式與幼兒共同建構學習的型態。更重要的是，這段歷程讓筆者能從新的角度去思考教師的角色與教學；從新的角度去看待研究者與被研究者的關係。因此，筆者常思考著如何能不再因教學或研究而忽略幼兒的感受和情緒，而能更具同理心地去了解幼兒的需求。

非常感謝研究歷程中所有幫助筆者走過精彩一段路的教師與專家們，也因著這些人的鼓勵與適時提供專業的意見，使得在研究中得到適度的支持，自己的信心愈加提升，愈能放手去欣賞幼兒的表現、聆聽幼兒的聲音，也就愈加肯定自己原先所堅持的理念，愉快地遊走在教學與研究之間，也因著這段與藝術相約的行動研究，讓筆者成為一位熱情地活著的老師。

經由行動中不同參與者及研究夥伴的提問、回饋與協助下，筆者學習到從不同角度去看自己的課程實踐，而多元的觀點更提醒自己如何在困境中去釐清並尋找到適合的出路。尤其在論文初稿完成前，尋求其他人共同看我所敘寫的東西，大家一起針對初稿提出更多的問題，讓筆者能將論文寫得更完整、更仔細、更深入。這種探究的方式，對一個希望真正實踐課程的人，是有幫助、有意義、能產生更多動力的。

結 語

綜觀整體研究，從現場教學到論文寫作的歷程，有苦澀的掙扎，也有重生的喜悅；有禁錮的困頓，也有茅塞頓開的興奮。經由行動研究，筆者獲得了以重新站在曠野上的心境和視野，以更寬廣的心胸去觀照研究歷程中，每一位幼兒、每一位參與夥伴所說的話，所表現的行為以及他們真正的想法；經由行動研究，讓筆者永遠相信「知識由實踐中獲得，亦應指向實踐而去」的實踐智慧。

參考文獻

中文部分

王昇美、陳淑芳（1999）。幼稚園教師對音樂教學的看法及實施現況調查。載於 1999 行動研究國際學術研討會——海報論文集，135-145。國立台東師範學院。

王淑芳（2004）。一位專家教師在幼稚園實施音樂活動之教學引導。國立新竹教育大學幼教研究所碩士論文。未出版，新竹市。

古瑞勉（譯）（1999）。L. E. Berk & A. Winsler 著。鷹架兒童的學習——維高斯基與幼兒教育。台北：心理。

朱則剛（1996）。建構主義對教學設計的意義。教學科技與媒體，26，3-12。

成虹飛（1996）。以行動研究作為師資培育模式的策略與反省：一群師院生的例子。行政院國科會研究報告。（NSC85-2745-H-134-001 F6）。

李宗芹（2002）。非常愛跳舞——創造性舞蹈的心體驗。台北：心靈工坊。

李雅婷（2003）。重建教育中的行動主體——從建構論談對藝術課程與教學之啟示。教育研究資訊，11（3），67-86。

吳舜文（2002）。建構主義運用於音樂教學之理念與做法。國立台灣師範大學新課程建構式教學研討會論文集——社會、藝術與人文、語文、綜合活動學習領域研習手冊，293-309。

邱志鵬（2003）。幼教課程發展的航海日誌。學校附近的地圖。台中：愛彌兒。

范瓊芳（2004）。評「朱銘美術館 2003 兒童創作比賽──娃娃、畫畫、臉」。朱銘美術館季刊，19，16-17。

夏林清與中華民國基層教師協會（1997）。行動研究方法導論：教師動手做研究。台北：遠流。

許信雄（譯）（1999）。B. S. Engel 著。幼兒藝術。台北：華騰。

許錦雲（1999）。幼兒教育才藝化的衝擊與省思。載於輔仁大學創校七十週年紀念學術研討會論文集，69-88。

許月貴（2000）。影響幼兒教師實施音樂與律動教學之因素探討。幼兒教育年刊，12，141-158。

許芷靈（2005）。幼兒在主題教學中造形能力表現之研究。私立朝陽科技大學幼教研究所碩士論文。未出版，台中市。

黃麗卿（1998）。創意的音樂律動遊戲。台北：心理。

黃麗卿（2002）。才藝教育速食化──幼兒園教學現象背後的省思。載於私立輔仁大學兒童與家庭學術研討會論文集，230-245。

黃麗卿（2004）。乘著藝術的翅膀讓心飛翔，藝術方案教學之行動研究。載於教育行動研究與教學實務──2003 年行動研討會會後論文集，309-356。

黃麗卿（2006）。以對比元素為主軸，建構音樂及律動主題探索課程。樹德科技大學學報，8，1-40。

黃麗卿（2006）。共築藝術天地──幼教藝術活動探究歷程之行動研究。花蓮教育大學學報，22，1-26。

陳淑芳（1998）。從鷹架觀念探案例故事在教師專業成長的應用。載於來說我們的故事──專業成長的對話研討會論文集，1-11。幼兒教育改革研究會。

陳淑文（1992）。以圖畫書輔助音樂教學之研究。台北：樂韻。

陳大武（譯）（2004）。A. Ostertag 著。小學舞蹈創意教學。載於中華奧福協會會訊，69，2-4。

郭淑菁（2005）。幼兒音樂多元智能教學之實驗研究。國立屏東科大幼教研究所碩士論文。未出版，屏東市。

張蕙慧（1994）。從教育觀點探討奧福的教育理念。奧福教育年刊，1，29-33。

張中煖（1996）。創造性舞蹈教學與拉邦動作分析要素之運用。台灣省學校體育雙月刊，34，45-51。

張中煖（2003）。舞蹈教學中意象導引之運用。行政院國科會專題研究計畫成果報告。（NSC91-2411-H-119-001）。

張金蓮（2002）。遊戲的天空——和孩子玩藝術。台北：雄獅美術。

甯自強（1992）。藉由解題活動了解兒童及促進兒童增加對數學的了解。教師之友，32（5），45-47。

甄曉蘭（1997）。應用建構教學理念於教育專業發展課程之研究（二）。行政院國科會專題研究報告。（NSC86-2413-H023-001）。

甄曉蘭、曾志華（1997）。建構教學理念的興起與應用。國立嘉義大學國民教育研究學報，3，179-208。

蔡清田（2000）。教育行動研究。台北：五南。

鄧麗寶（譯）（1993）。小谷隆真著。聲音遊戲：聲音及樂器的遊戲。台北：皮亞傑。

劉淑英（1999）。重建幼兒的肢體觀——談創造性舞蹈教學。國教世紀，187，44-49。

劉秀枝（2003）。單元主題中，幼兒音樂欣賞教學之研究。國立嘉義大學幼教研究所碩士論文。未出版，嘉義市。

鄭方靖（1993）。本世紀四大音樂教育主流及其教學模式。台北：奧福。

簡楚瑛（1994）。方案課程之理論與實務——兼談義大利瑞吉歐學前教系統。台北：文景。

簡淑真（1998）。建構論及其在幼兒教育上的應用。課程與教學季刊，1（3），61-80。

簡淑真、陳淑芳、李田英等（2003）。建構式幼兒科學模式之建立與驗證研究。行政院國科會研究報告（NSC90-2511-S-003-050）。

英文部分

Adachi, M. (1994). The role of the adult in the child's early musical socialization: A Vygotsky perspective. *The Quarterly Journal of Music Teaching and Learning, 5*(3), 26-35.

Althouse, R., Johnson, M. H., & Mitchell, S. T. (2003). *The colors of learning— Integrating the visual arts into the early childhood curriculum*. NY: Teachers College Press.

Alvarez, B. J. (1993). Developing music concepts. In M. Palmer & W. L. Sims (Ed.), *Music in prekindergarten: Planning and teaching* (pp. 29-32). Reston, VA: Music Educators National Conference.

Berk, L. E., & Winsler, A. (1995). *Scaffolding children's learning: Vygotsky and early childhood education*. The National Association for the Education of Young Children.

Berk, L. E., & Winsler, A. (1995). *Scaffolding children's learning*. Washington, DC: National Association for The Education of Young Children.

Boyd, K. S., Chalk, M. S., & Law, J. S. (2003). *Kids on the move*. Texas: Creative Publishing.

Bruner, J. S. (1986). *Actual minds, possible worlds*. Cambridge, MA: Harvard University Press.

Burton, L., & Hughes, W. (1979). *Music play: Learning activities for young children*. Addison-Wesley Publishing Company Inc.

DeVries, P. (2005). Lesson from home: Scaffolding vocal improvisation and song acquisition with a 2-year-old. *Early Childhood Education Journal, 32*(5), 307-312.

Dewey, J. (1934). *Art as experience*. NY: Minton Balch Co.

Dunne-Sousa, D. D. (1990). *The effect of speech rhythm, melody, and movement on song identification and performance of preschool children*. Paper presented at the biennial meeting of the Music Educators National Conference, Washington, DC.

Dyson, A. H. (1990). Symbol maker, symbol weavers: How children link play, pictures and print. *Young Children*, 50-57.

Ernst, K. (1993). *Picturing learning*. London: Heinemamm.

Essa, E. (1995). *A practical guide to solving preschool behavior problems.* Albany, NY: Delmar.

Forman, G. E. (1993). The constructivist perspective to early education. In J. L. Roopnarine & J. E. Johnson (Eds.), *Approaches in early childhood education.* Columbus, OH: Merrill.

Gallahue, D. L. (1993). *Developmental education for today's children.* Dubuque, Lowa: Brown & Benchmark.

Gardner, H. (1983). *Frames of mind: The theory of multiple intelligences.* NY: Basic Books.

Gillbert, N. (1995). Music and moving. *American Music Teacher, 6,* 18-19.

Golomb, C. (1974). *Young children's sculpture and drawing: A study in representational development.* Cambridge, MA: Harvard University Press.

Haines, B. J. E., & Gerber, L. L. (1996). *Leading young children to music (5th ed.).* Englewood Cliffs, NJ: Prentice-Hall.

Jonassen, D. H. (1991). Objectivism versus constructivism: Do we need a new philosophical paradigm? *Educational Technology Research & Development, 39*(3), 5-14.

Kant, I. (1781). *Kritik der reinen Vernunft. Gesammelten, Band IV*, Koniglich. Preussische Akademic, Berlin: 191Off.

Kamii, C. (1996). Basing teaching on Piajet's constructivism. *Childhood Education, 72,* 260-264.

Kamii, C., & DeVries, R. (1980). *Group games in early education.* Washington, DC: National Association for the Education of Young Children.

Kelly, L., & Sutton-Smiss, B. (1987). A study of infant musical productivity. In J. C. Peery & I. W. Peery. Draper (Eds.), *Music and Child Development* (pp. 35-53). NY: Springer-Verlag.

Kenney, S. (1989). Music centers-freedom to explore. *Music Educators Journal, 76*(2), 32-36.

Kirk, J. (2000). A Kodaly approach. *Spotlight on Early Childhood Music Education.* Reston, VA: Music Educators National Conference.

Kupen, K. (2002). *Toyful teaching workshop series.*

Laban, R. (1975). *A life for dance.* (C. Ullmann, Trans.) London: MacDonald & Evans.

Mark, M. L. (1979). *Contemporary music education*. New York: Schirmer Books, a Division of Macmillan Publishing Co.

Marlowe, B. A., & Page, M. L. (1998). *Creating and sustaining the constructivist classroom*. Thousand Oaks, CA: Corwin.

McDonald, D. T., & Simons, G. M. (1989). *Musical growth and development: Birth through six*. NY: Schirmer.

McNiff, J. (1995). *Action research: Principles and practice*. London: Routledge.

McNiff, J., Lomax, P., & Whitehead, J. (1996). *You and your action reasearch project*. London: Routledge.

Miller, D. F. (1995). *Positive child guidance*. Albany, NY: Delmar.

Moorhead, G. E., & Pond, D. (1978). *Music of young children*. Santa Barbara: Pillsbury Foundation for the Advancement of Music Education.

Nourot, P. M. (2000). Historical perspective on early childhood education. In Roopnarine & Johnson (Ed.), *Approaches to early childhood education (3rd)* (pp. 3-37). Prentice-Hall Inc.

Piaget, J. (1970). *Genetic epistemology*. MA: Columbia University Press.

Pica, R. (1995). *Experience in movement-with music, activitis, and Theory*. Delmar, A Division of International Thomson Publishing.

Rinaldi, C. (1991). *The Reggio Emilia approach*. Paper presented at The Conference on The Hundred Languages of Children, Detroit, MI.

Rozmajzl, M., & Boyer-White, R. (1996). *Music foundamentals, methods, and materials for the elementary classroom teacher*. White Plains, NY: Longman.

Scott-Kassner, C. (1993). Musical characteristics. In M. Palmer & W. L. Sims (Eds.), *Music in prekindergarten: Planning & teaching*. Reston, VA: Music Educators National Conference.

Siegesmund, R. E. (2000). Reasoned perception: Art education at the end of art. *Dissertation Abstracts International, 61*(11), 42-61. (University Microfilms No. AAT9995283).

Simpson, J. W. (1996). Constructivism and connection making in art education. *Art Education, 49*(1), 53-59.

Sims, W. L. (1993). Guidelines for music activities and instruction. In M. Palmer & W. L. Sims (Eds.), *Music in Prekindergarten: Planning & Teaching* (pp. 19-27). Reston, VA: Music Educators National Conference.

Smith, N. R. (1979). Developmental origins of structural variation in symbol form. In N. R. Smith & M. B. Franklin (Eds.), *Symblic Functioning in childhood* (pp. 59-72). Hills-dale, NJ: Erlbaum.

Spradley, J. P. (1979). *The ethnographic interview*. NY: Holt, Rinehart and Winston.

Sullivan, M. (1982). *Feeling strong, feeling free: Movement exploration for young children*. Washington, D. C.: National Association for the Education of Young Children.

Theodorakou, K., & Zervas, Y. (2003). The effects of creative movement teaching method and the traditional teaching method on elementary school children's self-esteem. *Sport, Education and Society, 8*(1), 91-104.

von Glasersfeld, E. (1984). An introdution to redical constructivism. In P. Watzlawick (Ed.), *The invented reality*. NY: Norton & Co.

von Glasersfeld, E. (1995). A constructivist approach to teaching. In L. P. Steffe, & J. Gale (Eds.), *Constructivism in education*. Hillsdale, NJ: Lawrence Erlbaum Associates.

Vygotsky, L. S. (1978). *Mind in society: The development of higher psycological Process*. Cambridge, MA: Harvard University Press.

Vygotsky, L. S., & Luria, A. R. (1993). *Studies on the history of behavior: Age, primitive, and child, eds. & trans*. V. I. Golod & J. E. Knox. Hillsdale, NJ: Erlbaum.

Waite-Stupiansky, S. (1997). *Building understanding together: A constructivist approach to early childhood education*. KC Delmar Publisher.

Watzlawick, P. (Ed.) (1984). *The invented reality*. NY: Norton & Co.

Weikart, D. P., & Hohmann, M. (1995). *Educating young children: Active learning practices for preschool and children care program*. Ypsilanti: High/Scope Press.

Weikart, P. S. (1987). *Round the circle: Key experiences in movement for children*. Ypsilanti: High/Scope Press.

Weiser, M. G. (1982). *Group care and education of infants and toddlers*. St. Louis: C. V. Mosby Co.

國家圖書館出版品預行編目資料

舞動、敲擊、嬉遊記：幼教藝術課程探究之足跡
　／黃麗卿著 . -- 初版 . -- 臺北市：心理，2008.08
　　面；　公分 . --（幼兒教育系列；51117）
　含參考書目：面
　ISBN 978-986-191-172-4（平裝）

　1. 律動教學法　2. 音樂教學法　3. 幼兒教育

523.23　　　　　　　　　　　　　　　97012994

幼兒教育系列 51117

舞動、敲擊、嬉遊記：幼教藝術課程探究之足跡

作　　　者：黃麗卿
執 行 編 輯：林怡倩
總　編　輯：林敬堯
發　行　人：洪有義
出　版　者：心理出版社股份有限公司
地　　　址：231 新北市新店區光明街 288 號 7 樓
電　　　話：(02) 29150566
傳　　　真：(02) 29152928
郵 撥 帳 號：19293172 心理出版社股份有限公司
網　　　址：http://www.psy.com.tw
電 子 信 箱：psychoco@ms15.hinet.net
駐 美 代 表：Lisa Wu（lisawu99@optonline.net）
排　版　者：葳豐企業有限公司
印　刷　者：正恒實業有限公司
初 版 一 刷：2008 年 8 月
初 版 三 刷：2017 年 1 月
I S B N：978-986-191-172-4
定　　　價：新台幣 380 元